遺贈寄付ハンドブック

［改訂第2版］

遺贈寄付を
受ける団体や
相談を受ける人が
知っておきたい
大事なこと

全国レガシー
ギフト協会
編

特定非営利活動法人
日本ファンドレイジング協会
発行

はじめに（改訂第２版発行にあたって）

私たちは、2014年8月から「遺贈寄付」（「遺贈、相続財産の寄付、信託の寄付など。」以下同じ）に関連する弁護士、税理士、公認会計士、信託銀行、公証人役場、NPO、財団関係者で構成される「遺贈寄付推進会議」を毎月開催し、日本において、遺贈寄付が進むために何が必要で、何が課題なのか、具体的な事例はどうなっているのかを議論してきました。

議論の中からは、日本において遺贈寄付を普及していく上で遺贈者、残された家族、民間非営利団体、いずれにとっても円滑な遺贈の実務のポイントが確かに存在するということが分かりました。そうした実務のポイントの中から遺贈寄付を受ける民間非営利団体が最低限知るべき内容を絞ってまとめたものが、2016年３月に発行しました『遺贈寄付ハンドブック』第一版です。専門的見地からはかなりの説明を割愛したため、実際の運用においては専門家とのしっかりした相談が必要ではありましたが、遺贈寄付の実務に携わる方々からはたいへんご好評をいただきました。

2016年１月には「全国レガシーギフト推進検討委員会」（座長　堀田力氏）を発足させ、７月には「人生の集大成の社会貢献を安心してできる社会の実現を目指して～全国での遺贈寄付普及に向けた論点整理～」をまとめました。この中で、私たちは取り組むべき課題を「生前の資産寄付や財団設立に関心を持ち始めた段階」から「死亡時に遺言執行が意思を尊重してなされるという段階」まで４段階、また「次世代（相続人）とのコミュニケーション（配偶者や子どもたちの満足度）」という状況における課題に絞りこみ、各課題について解決策の方向性を検討しました。（巻末に掲載）

こうした2年余りにわたる準備期間を経て、2016年11月には全国から400人余りの賛同人を得て、全国レガシーギフト協会を設立しました。設立後、私たちは全国に無料で中立的に遺贈寄付について相談できる窓口（巻末88頁参照）を設置し、「いぞう寄付の窓口」というポータルサイトで遺贈寄付について情報発信などを行っています。

少子高齢化、世界規模での感染症拡大を含め、様々な社会的課題が顕在化してきている昨今、現場で課題解決に取り組むNPOや公益法人等の役割はますます重要性を増しています。一方、ご自身の財産を未来に託す遺贈寄付に対する興味関心や理解も促進されてきており、制度の改定も行われてきています。遺贈寄付の受け手となる非営利組織団体が、「人生の集大成の社会貢献」を最適な形で実現することの重みを十分に理解して取り組むことはたいへん重要です。決して強制されたり、義務的であったり、遺贈者等をがっかりさせるものであったりしてはなりません。そのために私たちは2021年に、関係者の協力の下、遺贈寄付の倫理に関するガイドラインを作成しました(巻末に掲載)。このような社会情勢を反映すべく、ここに『遺贈寄付ハンドブック － 改定第2版』を発行することにいたしました。今回の改訂版が、引き続き皆様のお役立つものとなれば幸いです。

全国レガシーギフト協会

目　次

第１章　遺贈寄付について知ろう

第２章　遺贈寄付の基礎知識

第１章

遺贈寄付について知ろう

この章では、遺贈寄付の言葉の定義や、日本で遺贈寄付が広がる背景と課題を示すと共に、寄付を受けたい団体の準備や考え方について述べていきます

1

遺贈寄付とは何ですか？

◆遺言による寄付（遺贈）、相続財産の寄付、信託、死因贈与および生命保険などの契約による寄付の３つを本書では遺贈寄付といいます

個人が死亡した場合には、その個人の財産は、通常は、法定相続人(P32 参照)に移転することになります。法定相続人は、死亡した個人に配偶者がいればその配偶者のほか、子がいればその子(子が死亡している場合には孫)、子がいないときは父母、子も父母もいないときは兄弟姉妹（兄弟姉妹が死亡している場合には甥又は姪）です。

その個人が死亡した時に、遺言によって、財産の全部又は一部を法定相続人又は法定相続人以外の人（自然人又は法人）に無償で譲渡（贈与）することを「遺贈」といいます。

個人が遺贈によって自己の財産の全部又は一部を NPO 法人、公益法人、学校法人などの民間非営利団体や、国、地方公共団体などに寄付をする行為を、本書では「遺言による寄付」と呼ぶこととします。

遺言による寄付に金額の多寡は関係がありません。1 万円であっても、遺言による寄付になります。

遺言による寄付とは別の方法で、死亡した個人の財産を寄付する行為に「相続財産の寄付」があります。手紙やエンディングノートなど正式な遺言によらずに遺族に自分の遺産を民間非営利団体に寄付してほしいとの意思を伝え、それを受けた遺族

が個人から相続した財産を寄付する場合などがこれに当たります。遺言による寄付は死亡した個人から民間非営利団体に財産が直接承継されるのに対して、相続財産の寄付は法定相続人を経由して民間非営利団体に寄付が行われる点に違いがあります。また、信託、死因贈与および生命保険の仕組みを使って、契約を通じて自己の財産を死後に民間非営利団体に寄付することもできます。これらを本書では契約による寄付と呼ぶことにします。これら遺言による寄付、相続財産の寄付、契約による寄付の３つを本書では遺贈寄付と総称します。

区分		寄付の意思を伝える方法	寄付者
遺言による寄付		財産の全部又は一部を民間非営利団体に寄付することを遺言で残す	死亡した個人
相続財産の寄付		手紙、エンディングノート、言葉などで遺族に相続財産の全部又は一部を寄付することを伝える	相続人
契約による寄付	信託による寄付	信託を引き受ける者との契約によって財産の全部又は一部を民間非営利団体に寄付することを訳する	個人と信託契約した受託者
契約による寄付	死因贈与契約による寄付	寄付者が非営利団体等との間で死亡後に寄付が実行される内容の贈与契約を締結する	契約者
	生命保険による寄付	寄付者が生命保険に加入し、死亡保険金の受取人に非営利団体等を受取人に指定する	契約者

2

なぜ今、遺贈寄付なのですか？

◆4割の人が遺贈寄付に関心を持つ時代です

遺贈寄付について、40歳以上の男女の21%が相続財産の一部を寄付することに関心があるという調査結果があります。実に5人に1人はお亡くなりになるときに資産があれば、一部でも社会に還元してもよいと考えているということです。実際に子どものいない方が増えていることも背景にあり、関心が高まっています。

図 1．遺贈寄付をすることに肯定的な回答をした人の割合

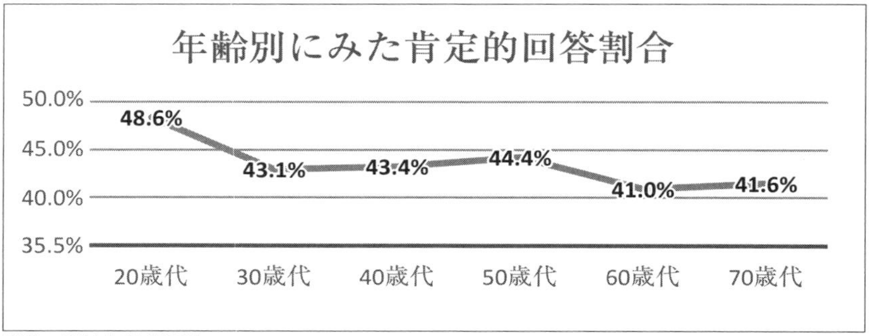

出典：寄付白書 2021

しかしながら、実情としては、遺贈寄付の意思のある人のうち、遺言を作成している人は3.9%にとどまります。人生の集大成で社会貢献をしたいと考える方がこれだけいる反面、実行できている人は少ないのです。この「想い」と「実現」のギャップをどう埋めることができるのかということが、今、遺贈寄付を考える必要がある第一の理由です。

◆相続額は年間 37 兆円から 63 兆円と国家の税収に匹敵するほどあります

日本の毎年の相続額は日本総研の試算 (2013 年) では 37 兆円から 63 兆円ともいわれています。2021 年度予算での国の税収が約 57.4 兆円ですので、ほぼ匹敵する金額となります。これだけの大きな金額が、世代間の所得移転として毎年移動しているのが今の日本です。

更に、近年の相続税法の一部変更があり、その影響からか、2014 年頃から相続や遺言に対する関心が一気に日本社会で高まりました。公正証書遺言作成件数は、2020 年には 97,700 件となり、2020 年からは自筆遺言保管制度も始まりました。書店で相続や遺言、エンディングノートなどの書籍や雑誌が平積みで売られるという状況は、10 年前までは想像もできませんでした。もちろん、今日においても、相続や遺言といったテーマは、人前で話しにくいテーマであるのは間違いありませんが、少なくとも知識や情報、考えるきっかけが街にあふれる状況になってきました。

世界的に先進国が高齢化する中で、諸外国でも遺贈寄付の役割がいま改めて注目されています。少子高齢化社会において、すべての社会課題の解決を税金と行政だけで担うことが困難になってきています。そうした中で、自分らしい人生の集大成のあり方をかなえ、次世代のために、遺贈寄付を通じて、社会への「恩返し」をしようとする人たちが少しずつ増えてきているというのが、日本においても見られている状況です。

3

高齢者は遺贈寄付を望んでいるのでしょうか？

◆ NPO に関心がある高齢者は、56.1%います

遺贈寄付は必ずしも高齢者だけが行うものではありません。しかし、実態上、真剣に遺贈寄付を考えることが多いのはシニア世代であるのは事実ですので、ここではシニアの社会貢献への関心とはどのような状況なのかを見ていきたいと思います。

内閣府の調査によると、60 歳以上の男女に地域の福祉や環境を改善することを目的とした NPO 活動に関心があるか聞いたところ、56.1%と、過半数の高齢者が関心を持っていることが分かりました。これには NPO や公益法人などの活動が広がる中で、シニアの間に NPO などへの関心が高まっているという背景があります。

図 2. NPO 活動への関心

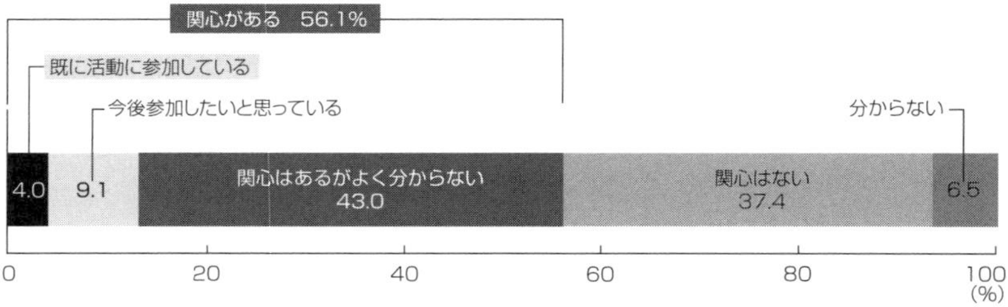

注 ：内閣府「高齢者の地域社会への参加に関する意識調査」(平成 20 年)。
調査対象は全国の 60 歳以上の男女 5,000 人。
出典：内閣府 (2011)

また、日本継承寄付協会の「遺贈寄付に関する実態調査(2020 年)」では、ボランティア活動を現在行っている方は、

70 代男性 20.4%、70 代女性 26.9%で、50 ～ 70 代全体でも 15.3% と、関心の高さを感じます。

◆ 70 歳代シニアの 60%は寄付をしています

次に、年代別の寄付性向を見てみますと、寄付白書の調査では、2020 年の 1 年間に 70 歳代の男女の 54.7%が寄付をしており、全体平均の 44.1%よりもかなり大きくなっています。また、年齢を重ねるにつれて、寄付への関心と行動が高まっており、その集大成としての遺贈寄付があるといえます。

図 3. 性別・年代別 寄付者率 出典：寄付白書 2021

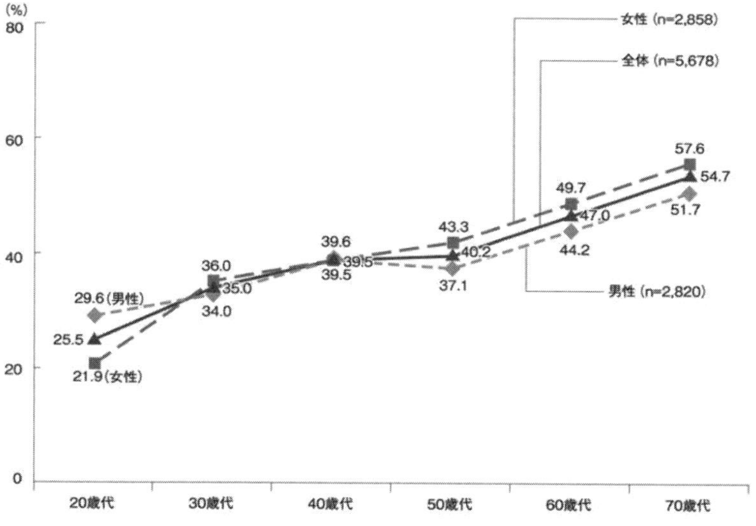

また、日本継承寄付協会の「遺贈寄付に関する実態調査（2020 年）」では、寄付の経験有無は、70 代男性 73.1%、70 代女性 80.2%で、50 ～ 70 代全体でも 69.9% と寄付の経験者が非常に多いことがわかります。

4

遺贈寄付は大きな団体しか受けられないのですか？

◆どんな団体でも受けることができるので、準備が大切です

日本では､遺贈寄付の件数はまだそれほど多くありませんが､最近はいくつかの理由で遺贈寄付は確実に増えています。

遺贈寄付が一部の有名な団体や大学に集中する理由として考えられるのは、遺贈者が今までに民間非営利団体に寄付をしたことがなかったり、民間非営利団体をよく知らない場合は、有名な団体や出身大学を指名しがちです。遺贈寄付の受け入れを表明している団体も少なく、特に地域で活動をしている団体はもっと少ないです。

◆遺贈寄付を受けられる団体になるために

遺贈寄付を受けられる団体になるためには、まず団体として遺贈寄付受入方針を組織決定し､担当者を決め､このハンドブックに書かれている程度の遺贈に関する知識やノウハウを習得しましょう。そして、遺贈寄付の受入表明をホームページや会報で行い、遺贈パンフレットも作成しましょう。パンフレットを作成する際は、包括遺贈を受けるか、不動産遺贈を受けるかなどといった重要な情報を整理し、公表しましょう。他団体の資料や問い合わせのご意見などを参考に徐々に完成度を高めてください。そして何よりも遺贈者の気持ちを理解し、尊重することが大事です。遺贈を考えている方は初めてでどうしたら良いか判らない方や、遺贈の意思をまだ決めていない方もいます。

電話の問い合わせの場合は、ご本人から名乗られない限り名前も住所も聞かず、家族などへの配慮で資料を送る際も団体の封筒を使わず、知人宅に送るなどの配慮をしている団体の例もあります。

また、地域活動している団体であるならば、地域の弁護士、会計士、司法書士、税理士等の協会や公証役場、地方銀行、信用金庫などの地域金融機関にも働きかけるのも有効です。そのような場合にも、団体が作成した遺贈寄付の簡単なパンフレットが役に立ちます。

◆遺贈先の選択基準について

遺贈を検討している方へのアンケート調査において「寄付を行う団体を選ぶ際、どのようなことを重視しますか？」の質問に対し、①資金の使いみちが明確 36.2%、②営利目的でない 27.3%、③活動内容に共感できる 27.2%、④公益性が公に認められている 22.0%、⑤中立・独立・公平な立場 20.6% ⑥活動内容が目に見える 20.0%、⑦遺贈寄付の方法がわかりやい 15.3%、⑧広く認知されている 15.3%、⑨活動地域・分野の実情を伝えている 12.4%、⑩寄付の優遇措置 9.2%という結果が得られました。（国境なき医師団「遺贈に関する意識調査 2018」）。特に、⑧広く認知されている 15.3%であることからも、遺贈寄付を受けられる団体は広く認知された団体に限らないことがわかります。

全国こども食堂支援センター・むすびえが、2021 年に行なった調査でも「遺贈先の重視点」は「団体の知名度」4,7% 「歴史のある団体」4.4%と重視していない結果でした。

コラム

おひとり様の広がりについて

国勢調査報告によりますと、1985年の生涯未婚率は男性が3.9％、女性が4.3％でしたが、2020年には男性が25.7％、女性が16.4％と急速に「おひとり様」が増えています。

おひとり様と言うと「老後に必要な資金は○千万円」という話題が多いのですが、苦労して貯めた老後資金も、きれいに全部使い切って亡くなることはできません。

残ったお金はどうなるのでしょうか？遺言がなければ、残った財産は法定相続人で遺産分割協議を行って分配されます。

生涯独身で親が先に亡くなり、配偶者も子供もいない場合、法定相続人は兄弟姉妹や甥姪になります。

一般的に、自分の遺産は子孫に残そうと思う方が多いようですが、直系の子孫がいない場合は残すべき相手がいないので、遺産の一部を遺言により寄付しようと考える方が多くなる傾向があります。

また、兄弟姉妹や甥姪には遺留分がないので、遺贈寄付を検討する際に遺留分に配慮する必要はありません。

さらに、一人っ子で兄弟姉妹がいない場合、法定相続人はいません。この場合、家庭裁判所への所定の手続を経て、遺産は関係者に配分された後、残額は国庫へ納められます。しかし、遺言により寄付すれば、国庫ではなく、自分の好きな活動を支援することができます。

このように、おひとり様は遺贈寄付を検討される可能性が高いのですが、お世話になった方へ残す財産と遺贈寄付との金額のバランスを検討することも、円滑な相続に大切なことです。

生涯未婚率　男女別推移

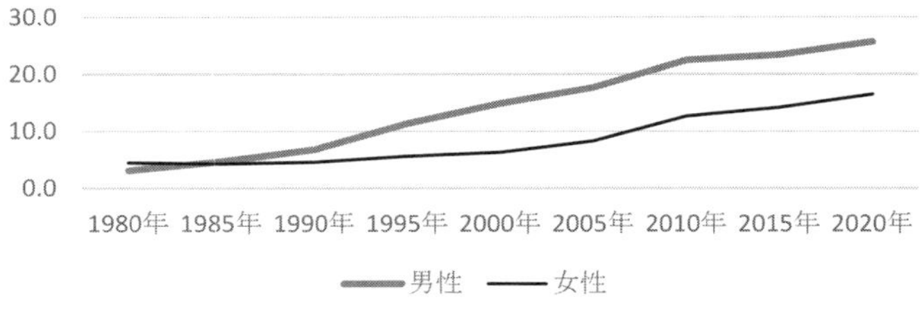

5

遺贈寄付を推進するための課題は何ですか？

◆遺贈者の課題は知識不足と相談者がいないこと

遺贈者は高齢者が多く、中にはインターネットでの情報検索などが苦手な人もいるため、遺贈寄付に関した資料や情報を集めることは大変です。そんな遺贈者の多くの方がかかえる課題は、遺贈の方法が分からないことです。公正証書遺言の作成方法や、全国約 300 か所の公証役場の所在地が分からない人もいます。また、どんな団体に遺贈寄付をしたらよいか分からないという声もよく耳にします。これまでに寄付した団体があるなら、その団体に電話して聞くことはできますが、初めての団体には何を聞けば良いかも分からず、電話することも億劫だと思います。それ以外にも遺贈寄付は何百万円以上でないと受けてくれないと思っている人も多くいます。遺贈に関して身近な相談相手がいないことも課題の 1 つです。身内や知人に相談すると反対される恐れがあると思われる一方、弁護士さんや公証人や信託銀行などは敷居が高いと思いがちです。国境なき医師団の「遺贈に関する意識調査 2017」の「遺贈寄付に不安を感じますか？」（図 4）の調査は非常に参考になります。

◆受遺者の課題は経験不足と準備不足

遺贈を受ける側の課題としては、遺贈寄付を受けたことが無い団体が多いため、突然の問い合わせにどう対応したらよいか分からないということがあります。また、弁護士や税理士から専門用語で質問されても良く分からないという現状もあります。遺贈を受けた場合にリスクがあるかどうか判断できないということもあります。遺贈寄付でのリスクは、不動産遺贈と包括遺贈が代表的なものですが、必要以上にリスクがあると思っている団体が多いことも事実です。遺贈寄付受入を組織決定していない団体もあります。遺贈寄付の受入基準や範囲、遺贈寄付金の使途や会計処理なども事前に決め、告知する工夫が必要です。そうすることで多額の遺贈寄付の使途について組織内で意見が分かれ、問題に発展するという状況を防ぐことができます。

図 4. 遺贈寄付に不安を感じますか？

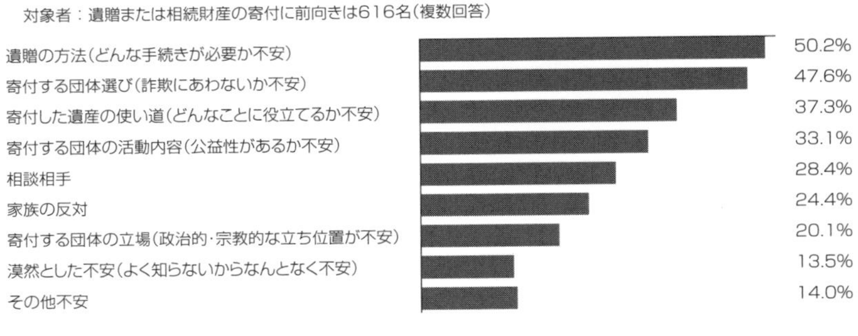

出典：国境なき医師団「遺贈に関する意識調査 2017」

◆遺贈仲介者の課題は事例が少ないこと

仲介者（遺言執行者）は、家族・友人以外に弁護士、司法書士、会計士、税理士、信託銀行等がなります。遺贈寄付の取り扱い経験が少ない士業の方も多く、遺贈者が希望している団体や分野についてよく分からないため、結果として有名な団体や大学を紹介することが多くなります。遺贈先の団体が何年先になるか分からない遺言執行まで存在するかどうかも、仲介者にとっては大事なことです。通常より手間がかかる遺贈寄付の仲介をしても、遺言執行報酬が変わらないことも課題と言えます。

◆受遺団体が不動産遺贈や包括遺贈に消極的なこと

最後まで自宅で過ごして残った自宅を遺贈したいと思う方や、「おひとりさま」や「子どもがいない」世帯では、全ての財産を一括して遺贈したいと思う方が増えています。

受遺団体では、不動産の売却や手続きなどリスクや、遺言者の連帯保証債務の可能性がある包括遺贈に消極的な団体も多いことも課題として考えられます。

6

どんな考え方で遺贈先を決めればよいですか？

◆遺贈希望者のタイプを確認した上で想いを整理します

遺贈希望者は大きく２つのタイプに分かれます。

１つは支援したい活動分野や目的が明確で遺贈先（民間非営利団体）がはっきりと決まっているタイプ、もう１つは人生の最後に社会貢献をしたいけれどぼんやりとしたイメージにとどまっているタイプです。前者は、生前から寄付などの行動を通じて目に見える存在ですが少数派で、後者は良いアドバイスがあれば遺贈寄付を実行する多数派です。後者の想いを整理することが遺贈実現のカギとなります。

では、次の手順で遺贈希望者の想いを整理しましょう。

（1）まず、遺贈者が、遺贈先を個別に選びたいのか、財団を作るなどして独自の寄付システムを構築したいのか、遺贈先の選定は任せたいのかを大まかに考えます。遺贈先を個別に選びたいのであれば、どのような活動分野を選ぶのか、活動地域を選ぶのか、団体の規模を選ぶのか、税制優遇が必要か、遺贈財産として現金以外の資産が含まれるのか、というようなことをヒアリングしながら、遺贈先を絞っていきます。

（2）独自の支援の仕組みを作りたい場合には、自身で財団法人などを立ち上げるのか、すでに存在している法人内で冠基金などの形で受け入れるところがないのかを考えます。

（3）遺贈先の選定も任せたい場合には、受け入れ先としてコミュニティ財団やNPOの中間支援組織などが考えられます。助成対象の地域や分野から、どの財団等に任せるのかを考えます。

図5. 遺贈先選定（非営利団体等）の考え方

1. 遺贈先を個別に選ぶ

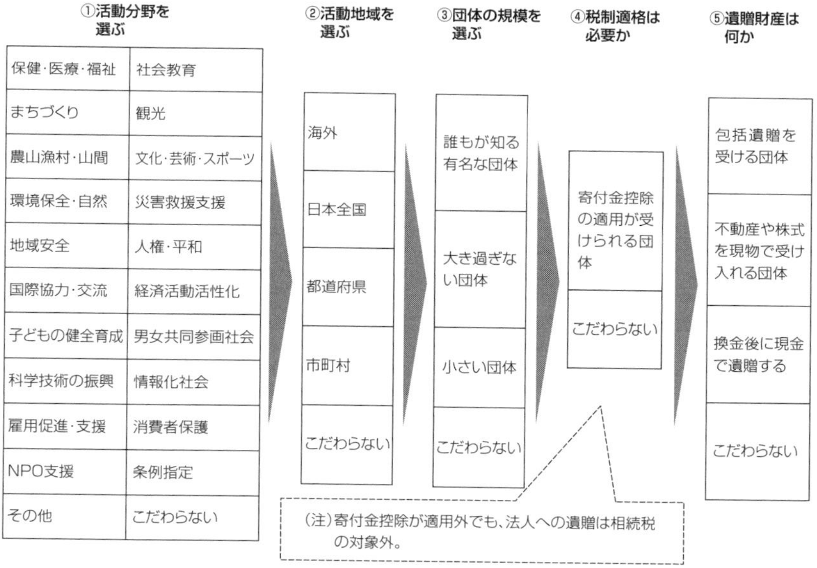

2. 独自の支援の仕組みを構築

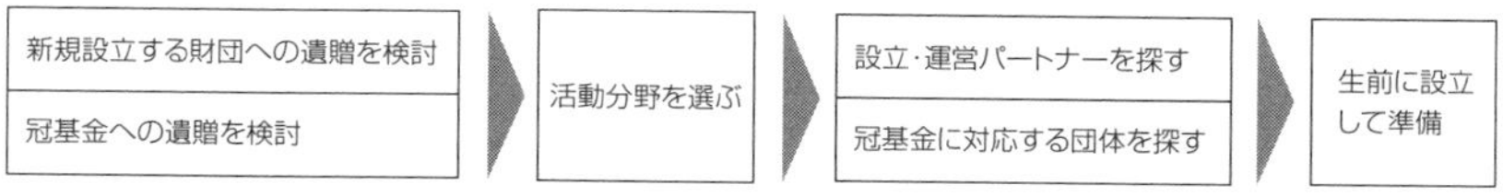

3. 遺贈先の選定も任せたい

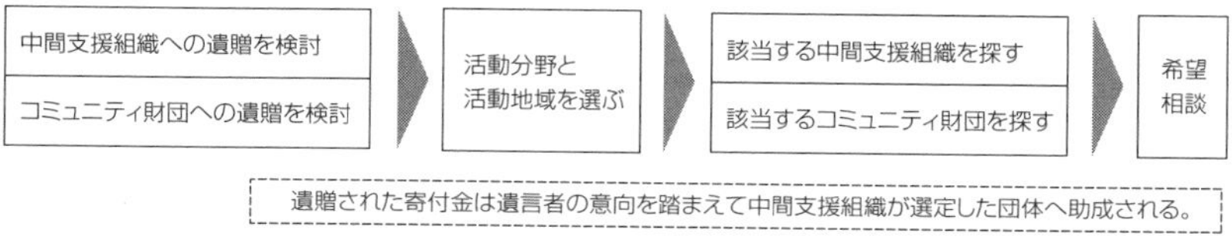

7

遺贈寄付が広がらない原因は何ですか？

◆４つの大きな課題を克服する必要があります

現状として日本においての遺贈寄付は、諸外国と比べて十分には進んでるとはいえません。もちろん、国によって相続資産の取り扱いの法制度なども違い、また、遺言を残す人の比率がそもそも低いという日本社会の傾向もあります。また、遺贈寄付をしなければならないということもありません。しかしながら、私たちは、日本社会においても、現実に遺贈寄付をしてもよいと考えていながら実行できていない人たちが非常に多くいると認識しており、背景としては、次の４つの大きな課題があるためだと考えています。

＜４つの課題＞

1. 遺贈寄付についての適切な実務に対する理解が、専門家や民間非営利団体の間で十分ではない
2. 寄付先について適切に相談にのり、紹介し、意思を最適に実現するためにサポートする仕組みが十分でない
3. 遺贈寄付を通じて、遺贈者や家族、受益者が幸せになっているというストーリーが十分共有されていない
4. 遺贈寄付を円滑に進めるうえで税制上の阻害要因がある。

本書では、特に１の課題を解決することを目指しています。

コラム

「遺贈寄付の相談を受ける人」の大切さ

遺贈などの寄付に関心を持った人がいた場合、そうした人は誰に相談するでしょうか？全国各地にある、市民活動センターや県民協働課などに相談窓口があると良いのですが、実態の多くはそうではありません。ほとんどの場合、弁護士、税理士、司法書士や信託銀行などの金融機関の人にまず相談しているというのが実情です。

イギリスで2013年、内閣府とCharity Aid Foundationが興味深い調査を行っています。それは、弁護士が遺言を書く相談を受ける際に３つのパターンで対応して、その結果、遺贈寄付が発生する確率を比較したものです。

第１グループは、普通に遺言相談を受けます。

第２グループは、相談を受ける際に、単純に「あなたは遺言の中で、慈善団体にお金を残したいですか？」とだけ聞きます。

第３のグループは、さらに一言、「私たちのお客様の多くは慈善活動団体にお金を残します。あなたはどのような社会課題に関心がありますか？」と聞くのです。

そうすると、遺言に寄付することを書いた人が、第１グループ（普通に聞く）では4.9%、第２グループ（寄付するかを聞く）では10.8%、第３グループ（多くの人がやっているという）では実に15.4%となったということです。接点面の人の説明による影響というのが大きいことが分かります。

8

今後、遺贈寄付は日本社会に広がりますか？

◆これから増え続ける遺贈寄付

遺贈寄付は、「人生の集大成としての寄付」ともいうべき寄付です。自分が人生の中で生み出したり、誰かから引き継いだ資産をどのような形で次世代に引き継ぐかは、その人自身の人生観に基づくものであり、こうするのがよいという正解があるものではありませんし、誰かが強制すべきものでもありません。

しかし、確実に人生の集大成での寄付を選択される方が増えています。実際に民間非営利団体への遺贈寄付件数は年々増加の傾向です。また、最近初めて遺贈寄付を受けたという声や、問い合わせが多くなったということをよく耳にします。

◆遺贈寄付増加の 4 つの理由

遺贈寄付の増加理由として、以下のことが考えられます。

（1）生涯未婚率の増加

1985 年の国勢調査によると、当時の生涯未婚率が男性で 3.9%、女性で 4.3% に対し、2020 年の国勢調査では 50 歳の時点で一度も結婚したことが無い男性は 25.7%で、女性は 16.4%でした。この結果から、相続人のいない人が増えていることが分かります。

（2）年間死亡者の増加

2020 年の人口動態調査では、10 年前の 1.21 倍の 138 万 4544 人の方が亡くなられています。

（3）遺言書を作成する者の増加

2019 年の公正証書遺言書の作成件数は 113,137 件で 10 年間に 1.46 倍増加しました。（2020 年は 97,700 件。コロナ感染の影響と推測）2020 年 7 月から始まった自筆遺言保管制度を利用した方は 2021 年 10 月までの 1 年 3 か月で、26,592 件（月平均 1,772 件）でした。

（4）家族や親戚関係の希薄化

家族・親戚関係の変化により、例えば結婚式でしか会ったことのない甥や姪に遺産をあげるより、社会のために活用したいと考える人もいると思います。

今後、遺贈寄付が社会全体として増えていく傾向は間違いなくあります。ただ、忘れてはならないことは、遺贈寄付は、長年の支援者とのコミュニケーションや信頼関係の集大成として生まれるものであるということです。決して遺贈寄付をしなければならないというような強制感がある働きかけをすべきではありません。人生の集大成としての社会貢献をいかに最適に実現できるのかを寄り添って考えるという姿勢が受け手側の民間非営利団体側には求められます。社会全体として、遺贈寄付へのネガティブなイメージが生じないよう、ひとつひとつの団体の意識と倫理観が問われるところです。

9

遺贈寄付を積極的に募集しても大丈夫ですか？

◆支援者の自由意思を尊重していれば問題ありません

遺贈寄付は、支援者の死を契機として寄付が行われるものであることから、民間非営利団体が支援者やその遺族に対して積極的に呼びかけることについて、ためらいや違和感を抱くことがあるかもしれません。

しかし、遺贈寄付は、生前における寄付やボランティアといった支援に加えて、支援者が人生の集大成に次の世代のために自らの財産を活用してほしいとの想いを形にするための有効な手段であり、決して後ろ向きのものではありません。

40 歳以上の男女の 40%以上が遺贈寄付に肯定的と言われています（寄付白書 2021）。ところが、それを実行に移す人の割合は 1 パーセントにも満たない現実があります。

その理由として、私たちは、社会貢献に関心のある方に遺贈寄付という選択肢があることや、遺贈寄付を受け入れ可能な団体の情報が十分に提供されていなかったためだと考えています。

このギャップを埋めて、支援者に自己実現の機会を提供するためには、民間非営利団体が遺贈寄付を受け入れる準備があるということ、自らの団体が遺贈寄付の相手として適切であることを、団体のウェブサイトやニュースレターなどの様々な手段で情報提供するだけでなく、説明会や個別面談など積極的に開催することまで求められます。

もっとも、支援者や関心者のなかには判断能力が低下した高齢者や、精神障害等により自ら財産管理を行う能力が十分に備わっていない人もいます。遺贈寄付を呼びかけるに当たっては、相手が適切な意思決定ができる状態にあるのかどうかを考え、判断を誤らせるような働きかけは厳に慎まなければなりません。一度関心がないと答えた相手に繰り返し支援を求めることも控えるべきでしょう。

また、支援者の法定相続人や縁故者が支援者の財産の行方に強い関心を抱いている場合があり、不用意に遺贈寄付の情報提供をすることで、周囲から反発を受ける可能性があります。支援者に情報提供を行うときには、連絡方法やタイミング、親族への説明の要否等について聞き取りを行うなど、支援者の自由な判断が妨げられないための配慮が求められます。

ところで、民間非営利団体は遺言の作成にどの程度関わってよいでしょうか。遺贈寄付に関心があっても、実際に遺言を作成する手間を考えるとなかなか踏み出せない方もいらっしゃいます。そのような方に遺贈寄付を受ける団体が相談に乗ることは問題ありません。遺言に関する一般的な助言は特定の業種の独占業務ではないためです。しかし、遺言の内容や効力を本当に本人の意思に基づくものとするためには、法的、税務的な観点からの検討が必要になる場合があります。日頃から遺贈寄付に詳しい専門家と相談できる関係を築いておくとよいでしょう。

巻末の「遺贈寄付の倫理に関するガイドライン」には、遺贈寄付に関わる民間非営利団体や専門家、仲介者らが遵守するべき倫理についての解説があります。ぜひ参考にしてください。

コ ラ ム

付言事項のススメ

遺言を作成する際、法律で定められた事項（相続割合、財産処分の方法、遺言執行の方法等）のほかに、遺言の動機や相続人に伝えたい心情（メッセージ）などを自由に書くことができます。これを付言事項といいます。付言には、相続人に対するメッセージのほかに、葬式の方式や家訓等の遵守方法等を記載することもできますが、遺言の本文とは違い、法的な効力は認められません。つまり、その内容を強制的に実現することはできません。

「付言」というと、「ついでに書く」もののように聞こえますが、実は、無味乾燥とした遺言に温もりを与えるという重要な意味を持っています。遺贈寄付をする場合、ただ、「A 団体に○○円を遺贈する。」としか書かれていなければ、遺された家族は、「どうして NPO なんかに寄付するのか。」、「騙されたんじゃないだろうか。」、「自分たちのことは大切ではないのか。」などと不審に思うかもしれません。遺言の究極の目的は、遺言者の最後の想いを実現させることです。財産の一部または全部を遺贈寄付すると決めた動機を付言事項として書くことで、その想いをきちんと伝えることができ、相続人の理解を得ることができるでしょう。また、その遺言が遺留分を侵害する内容であった場合に、付言事項があれば、その相続人が遺留分侵害額請求を検討する際の判断材料になることが期待されます。（遺言書で、相続人の遺留分侵害額請求を放棄させることはできません。）

付言には、特に決まった様式はありません。「付言」だからといって、末尾に書かなければいけないという決まりもありません。文章が長くなっても全く問題ありません。

遺贈寄付をする場合には、ぜひ、付言事項を活用することをお勧めします。（P97 にサンプルを掲載しています）

第2章

遺贈寄付の基礎知識

遺贈寄付を希望する方とのコミュニケーションや、弁護士や税理士などの専門家との連携をする際に、法務的・税務的な知識を持つことは重要です。遺贈寄付の担当者なら知っておきたい基礎知識をまとめた章です

10

一般的な相続の手続を教えて下さい

◆遺言がある場合はそれに従い、ない場合は相続人の有無と人数等に応じて、法律に基づき遺産の承継、分割が行われます

法律上有効な遺言があれば、遺言の内容に従って被相続人の財産の権利義務が相続人又は受遺者に承継されます。遺言がある場合でも、相続人全員（包括受贈者を含みます）[1)] が参加する遺産分割協議により分割することも可能です。

遺言がない場合で相続人が複数いる場合には、遺産分割協議により財産を分割します。相続人には法定相続分というものがありますが、話し合いによって相続人全員が同意すれば、法定相続分どおりに分割する必要はありません。遺産分割協議がまとまらなかった場合には、裁判所の調停、審判などに持ち込まれる場合もあります。

遺言がなく相続人もいない場合には、相続財産は自動的に相続財産法人となり、家庭裁判所が選任する相続財産管理人が財産を換価し、特別縁故者がいるときはこれを分配した後、清算します。残った財産は特別縁故者や国庫に帰属します。

なお、2018 年改正民法により、2019 年 7 月 1 日以降に発生した相続においては、相続人ではない被相続人の親族のうち、被相続人の財産の維持または増加について特別の寄与を

1)　包括受遺者とは、遺贈により被相続人の財産の全てを割合的に承継する受遺者を言います。相続人と同一の権利義務を有する（民法 990 条）のため、相続人とともに遺産分割協議に参加できます。

した者（これは「特別寄与者」といいます。）は、相続人（相続人がいない場合は相続財産法人）に対して、寄与に応じた額の金銭（これを「特別寄与料」といいます。）の支払を請求することができるようになりました。

被相続人：相続において財産を残して亡くなった立場の人
相続人　：相続において、被相続人の権利義務を受け継ぐことになる立場の人
受遺者　：遺贈を受ける人として遺言により指定された人

図6. 相続手続の概要

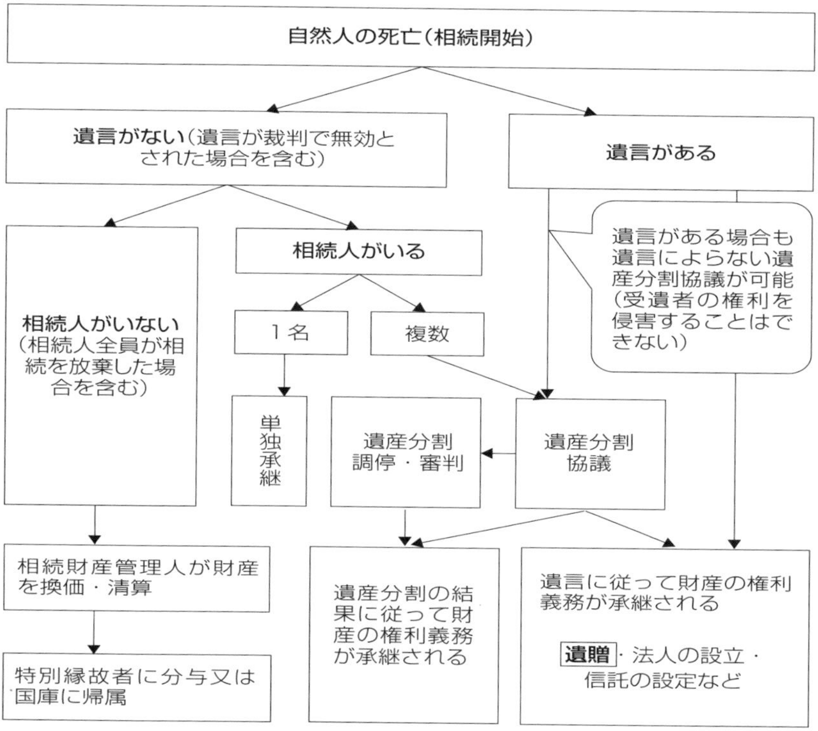

11

どのような人が相続人になりますか？

◆法律に定める順序と条件に従って、配偶者、子(孫)、父母(祖父母)、兄弟姉妹(甥姪) が相続人になります

民法では、相続人になることができる人を決めています。それを「法定相続人」といいます。被相続人に配偶者と子どもがいる場合であれば、配偶者と子どもが法定相続人です。子ども（あるいは孫）がいない場合には、直系尊属（親)、直系尊属がいない場合には兄弟姉妹（あるいは甥、姪）が法定相続人になります。配偶者は常に法定相続人になります。

法定相続人のうち、相続の放棄をした者、相続権を失った者を除いた者が「相続人」になります。

また、法定相続人には法定相続分があり、民法で定められています。ただし、法定相続分通りに分割をしなければいけないということではありません。

相続順位	法定相続人	法定相続分
第 1 順位	配偶者、子（代襲者含む）	配偶者 1/2、子 1/2
第 2 順位	配偶者、直系尊属（親）	配偶者 2/3、親 1/3
第 3 順位	配偶者、兄弟姉妹（代襲者は甥姪まで）	配偶者 3/4、兄弟姉妹 1/4

図7. 法定相続人とその相続分は？

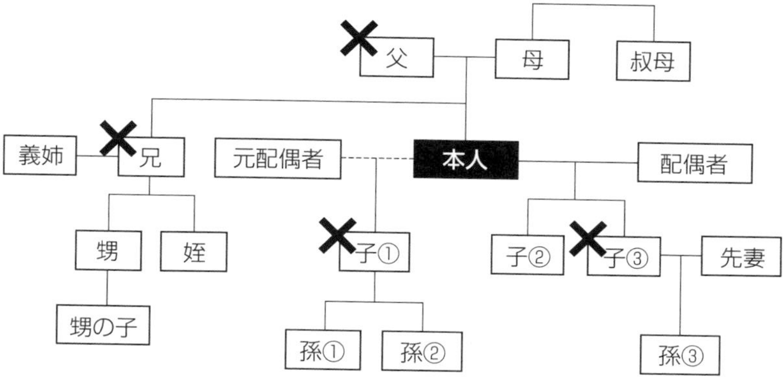

A　配偶者 1/2　子② 1/6　孫① 1/12　孫② 1/12
孫③ 1/6

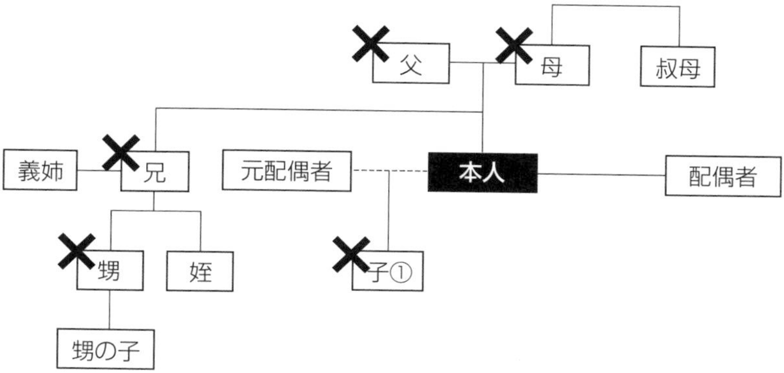

A　配偶者 3/4　姪 1/4

12

遺言にはどのようなものがありますか？

◆一般的には自筆証書遺言と公正証書遺言の２つです

「自筆証書遺言」は遺言者が、財産目録を除く全ての文章、日付、氏名を自筆（署名）し、押印して作成する遺言です[1]。費用を掛けずに手軽に作成でき、いつでも変更ができるなどのメリットがあります。一方、遺言書の隠匿や紛失のリスクがあるほか、遺言としての要件を欠いて無効になるおそれや、本当に本人が書いたものか遺言者の死後に争いになる可能性があるなどのデメリットもあります。

「公正証書遺言」は、公証人が作成し、公証役場に原本が保管される遺言です。法律上の要件を満たさず無効になる可能性は低く、隠匿や紛失のリスクはないなどのメリットがあります。一方、作成のための費用がかかり、また、遺言の内容は証人（2人以上必要）に知られてしまうというデメリットもあります。作成費用は公証役場のウェブサイト等で公開されています。

遺言書は何通でも作れますが、複数の遺言の内容が重複するときは、後に作成された遺言の効力が優先します。

2020 年 7 月 10 日から法務局が自筆証書遺言を保管する制度が始まりました。制度を利用するには数千円程度の利用料がかかりますが、預けた遺言書は紛失や偽造・変造を防止できるほか、検認の手続が不要になるなどのメリットがあります。

法務省の発表によると、制度開始後 1 年間で 2 万件を超える利用があったということです。

種類	要件	証人等	検認[2]
自筆証書遺言	遺言者が全文、日付、氏名を自書（署名）し、押印する ※封印は要件ではない	不要	原則必要。法務局が保管する自筆証書遺言については不要。
公正証書遺言	遺言者が口授した内容を公証人が遺言書にまとめ、遺言者に読み聞かせて確認する[3]	公証人１人、証人２人以上	不要

＜遺言作成時の留意点＞

【押印】は実印によらなくともよく、拇印、指印でもよい。

【氏名】は戸籍上の氏名と異なる通称名でも個人特定ができればよいが、財産の名義変更時に確認が必要となる。

【日付】は、特定できる記載があればよく、遺言者の「○歳の誕生日」といった記載でもよい（「○年○月吉日」では特定できないため無効となる）。

【証人・立会人】には、未成年者、推定相続人・受遺者及びこれらの配偶者・直系血族、公証人の関係者・使用人はなることはできない。

1）　2018年7月の立法措置により、2019年1月13日以降に作成される自筆証書遺言の財産目録については、自筆の財産目録に換えて、不動産全部事項証明書の写しや通帳の写し、パソコンで作成した文章などを添付することが可能となり、遺言書作成の負担が軽減されました。

2）　p38 参照

3）　病気や障害により話すことが難しい方でも、通訳人の通訳や遺言内容を自書することによって、公正証書遺言の作成は可能です。

13

遺言能力とはなんですか？

◆有効な遺言を作成することのできる判断能力のことです

遺言の内容とその法的効果を理解して判断する意思能力のことを法律用語で遺言能力といいます。遺言時に遺言能力を欠く者が作成した遺言は無効です。

15 歳に達した者は遺言をすることができます。つまり、遺言能力があります。これに対して、15 歳以上の者でも、事故や病気、加齢等による精神上の障害によって、物事の判断能力（事理弁識能力）を欠く状態になると、遺言能力が失われます。

遺言能力の判断は法的評価を伴うため、医師が遺言能力の有無をそのまま診断書に書いてくれることは通常ありません。仮に書いてくれたとしても裁判でそれが認められるとは限りません。

成年被後見人であっても、一定の要件のもとに遺言を作成することができます。具体的には、成年被後見人が事理を弁識する能力を一時的に回復した時に、2 名以上の医師が遺言の作成に立ち会い、遺言者が遺言時に事理弁識能力を欠く状態になかった旨を遺言書に付記して、署名押印することが求められます。

遺言能力の有無が問題にされやすいのは、遺言をめぐり相続人や受遺者間で紛争が生じたときです。自己に不都合な内容の遺言の効力を、遺言者の遺言能力を争うことで否定しようとするわけです。

過去の裁判例では、遺言能力の判断要素として次のような点が考慮されています。

＜遺言能力の判断要素＞

①遺言時における遺言者の精神上の障害の程度

医学的見地に基づく遺言者の事理弁識能力の障害の程度がどの程度であったか、診断書や入院診療録、主治医の話、立会人の説明等の資料に基づいて考慮される。

②遺言内容

遺言の内容は複雑か簡単かが考慮される。簡単なものであるほど遺言能力は肯定されやすくなる。

③遺言の動機や遺言に至る経緯

遺言者がその遺言を作成するもっともな動機があるか、遺言を作成した経緯に不自然な点がないかといったことが考慮される。

今後、遺贈寄付が広まるにつれて、民間非営利団体が遺言者の遺言能力をめぐる相続人との紛争に巻き込まれるケースが増えることが予想されます。民間非営利団体が遺言の作成から関わることはあまりないかも知れませんが、万一、高齢者や精神上の障害のある方から遺贈の相談を受けたときは、遺言者の遺言能力についても配慮するようにしてください。

14

遺言に基づく財産承継はどのように行われますか？

◆遺言執行者又は相続人が遺言を執行することで財産の承継が行われます

遺言の効力発生後、遺言の内容を法的に実現するために相続人又は遺言執行者が行う手続きを遺言の執行といいます。遺贈を実現するためには、遺贈の対象財産の名義変更や引渡しなど、遺言執行者又は相続人による遺言の執行が必須となります。承継させる財産の種類や遺言の内容によって必要とされる執行行為は異なり、相続人又は受遺者に対して遺言者の財産の引渡しだけを行えばよい場合もあれば、財産の管理、売却、債権の取り立て、債務者への通知、弁済等を伴う場合もあります。

ところで、遺言者の遺言が自筆証書遺言であった場合には、相続開始後、執行前に原則として検認の手続きが別途必要になります（法務局の自筆証書遺言書保管制度を利用した場合を除きます）。検認手続とは、遺言書の保管者又は遺言書を発見した相続人が申立人となり、相続人に対して、遺言の存在とその内容を知らせるとともに、遺言書の形状、加除訂正の状態、日付、署名など検認の日現在における遺言書の内容を明確にして、遺言書の偽造・変造を防止するための家庭裁判所の手続きをいいます。

遺言の執行は、遺言で指定された遺言執行者が行います。遺言執行者は個人だけでなく法人もなることができます。

遺言で遺言執行者の指定がない場合や、遺言で指定された遺言執行者が就任を拒絶しもしくは就任後に辞任した場合、又は当該遺言執行者の欠格事由（未成年者・破産者）に該当する場合には、家庭裁判所に選任された遺言執行者が遺言を執行します。家庭裁判所に選任を求めない場合には、相続人自らが遺言を執行しなければいけません。

遺言で遺言執行者が指定されず、相続人による遺言執行が円滑に行われない場合には、受遺者たる民間非営利団体は、利害関係人として家庭裁判所に遺言執行者の選任を求めることができます。

遺言の執行に関する費用および遺言執行者の報酬は、相続財産のからの支出となります。

＜遺言執行者の権利義務＞

①遺言執行者は、就任後遅滞なく相続財産の目録を作成して、相続人に交付しなければならない。

②遺言執行者は、相続財産の管理その他遺言の執行に必要な一切の行為をする権利義務を有する。

③遺言執行者は第三者に事務処理を委任することができる（復任権）。

④遺言執行者がその権限内において遺言執行者であることを示してした行為は、相続人に対して直接効力を生じる。

⑤相続人は遺言執行者の業務を妨害してはならない。

⑥遺言執行者には民法の委任の規定が準用される。

15

相続時にかかる税金にはどのようなものがありますか？

◆相続税と所得税があります。

相続税は、被相続人が所有していた財産に係る税金で、被相続人が死亡したことを知った日の翌日から 10 か月以内に申告をする必要があります。ただし、相続または遺贈により取得した財産が基礎控除額以下である場合には、相続税の申告をする必要はありません。基礎控除額は、「3,000 万円＋ 600 万円×法定相続人の数」となっています。従って、法定相続人が 3 人であれば、3,000 万円＋ 600 万円× 3 人＝ 4,800 万円が基礎控除額になります。

相続税の対象となる財産は、被相続人が死亡時に所有していた財産以外にも、死亡時 3 年以内に贈与された財産や、相続時精算課税制度を使って生前に子供や孫に財産の贈与をしている財産、生命保険等も含まれます。また、被相続人の債務や葬式費用は、相続財産から控除します。

所得税は、被相続人の死亡した年の所得に係る税金です。その年の 1 月 1 日から、被相続人が亡くなった日までの所得に対して課されます。被相続人の所得税の申告は、準確定申告と言われており、通常の確定申告の期限である翌年 3 月 15 日まででではなく、相続の開始があったことを知った日の翌日から 4 か月以内に申告をする必要があります。

贈による場合は非課税）に注意が必要です。

一方で、「寄付はしたいけれど遺言も信託も面倒。寄付先も寄付額も、自分が亡くなった後に家族の判断に任せたい」とご希望される方は、エンディングノートや手紙にその想いを家族宛てに書いておき、相続財産から寄付する方法もあります。遺言のような法的な効力はないものの、家族にとって有効な指針となります。書き方は自由ですが、「誰に：どのような分野に寄付したいのか」「金額：何をいくら寄付したいのか」「理由：なぜ寄付したいのか」などを記載すると良いでしょう。

種類	意思を伝える方法	
遺言による寄付	生前に公益財団を設立して遺贈	
	冠基金として公益法人等へ遺贈	
	コミュニティ財団や中間支援組織へ遺贈 ⇒　財団等から助成金として支援	
	特定の団体へ直接遺贈	遺言執行者あり
		遺言執行者なし
相続財産の寄付	遺言書の付言事項	
	エンディングノート	
	手紙	
信託による寄付	公益信託	
	特定寄附信託（日本版プランドギビング信託）	
	特定贈与信託（残余財産の帰属権利者として）	
	家族のための信託	
	遺言代用信託	
	生命保険信託	
	財産承継信託	
死因贈与	生前に寄付先と死因贈与契約を結ぶ	

17

遺贈寄付に信託銀行はどのような関わりがありますか？

◆遺言信託や生命保険信託などを取扱っています

信託銀行は前頁に列挙した「信託を用いた寄付」の他に、「遺言信託」を取り扱っています。「信託を用いた寄付」の場合、信託銀行は「受託者」として委託者（寄付者）の財産を信託財産として預ります。一方、「遺言信託」の場合、寄付者の生前には「遺言書の保管者」として、相続開始後は「遺言執行者」としての役割を果たします。

遺言は作成しただけでは単なる紙切れですが、信頼のおける遺言執行者に任せることで、確実に遺言内容が実現されます。信託銀行は遺言執行に関する経験もノウハウも豊富なので安心です。

これまで、信託銀行は大口顧客が中心でしたが、最近は信託会社も含めて、比較的少額でも利用できるような商品も現れてきました。

その中から、生命保険信託を活用した事例を紹介します。

次頁の上図は、公益法人等に直接寄付する方法です。現金を寄付するのに比べ、月賦払いの保険であれば今すぐ寄付金を用意する必要がないこと、相続財産と切り離せること、分割して資金交付できること等の利点があります。

次頁の下図は、障害のある子供の「親亡き後問題」への対応事例です。「親が亡くなった後に、障害のある長男に月々の生活資金を残してあげたい。長男を支える二男にも、長男亡き後には資金を渡したい。そして、二男が亡くなった後に残った財産があれば、お世話になった団体へ寄付したい」という親の想いに対して、遺言では親が亡くなった時点での財産配分の指定までしかできませんが、生命保険信託を活用すれば、次の次の相続時まで指定でき、社会貢献も可能になるので、親にとっての安心感は大きいでしょう。

図9．生命保険信託の活用事例

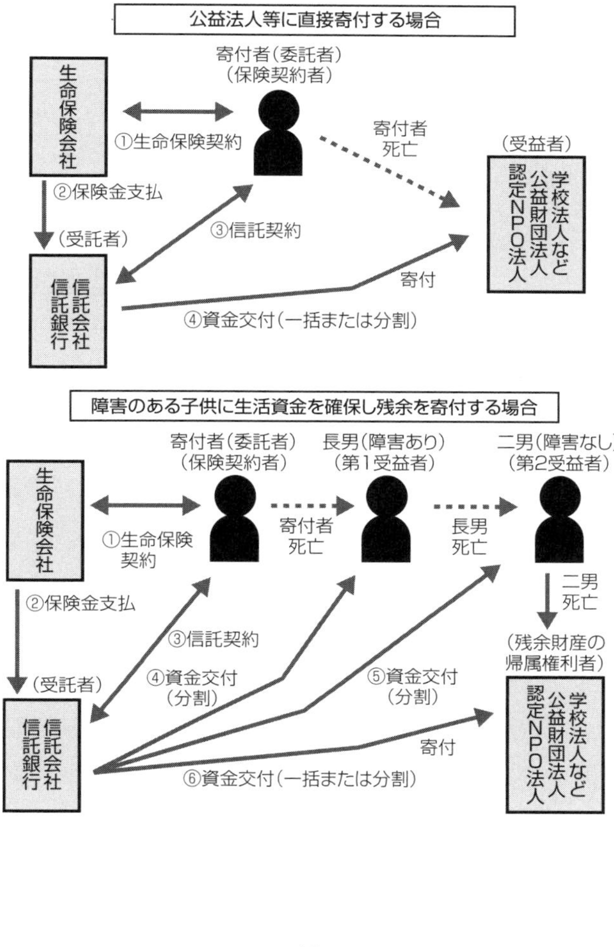

コラム

遺贈寄付における加盟団体の役割

全国レガシーギフト協会は、人生の集大成としての寄付である遺贈寄付や資産寄付が、寄付者本人の望む最適な形で実現し、寄付した財産が地域の未来資産となり世代を超えて継承される社会を実現することを目的として、2016 年 11 月に設立されました。協会の加盟団体として遺贈寄付の相談に応じる組織は、2022 年 1 月現在、全国に 18 団体あり、その大半をコミュニティ財団が占めています。コミュニティ財団は、地域に根差して地域の個人や法人から寄付を集め、地域の NPO 対して助成をしている団体で、遺贈寄付が進んでいる米国などでは、個々人が遺贈寄付をするうえで重要な役割を果たすことも多いです。

遺贈に際しては、特に遺贈者が特定の団体を指定するというよりは、関心分野など「地域の貧困の子ども達のために活かしてほしい」「障害者の自立支援に活かしてほしい」というような要望の場合、特定の活動団体ではなく、コミュニティ財団など中間支援組織に意思を託して、その時々に最適な支援先を選定して助成してもらうほうがいいという考え方があります。個別の団体を遺贈寄付先として指定しようとする方でも、まずは中間支援組織に相談して助言をもらうということもあります。

全国レガシーギフト協会の加盟団体は、いずれも、無料で、中立的に、安心して遺贈寄付について相談できる相談窓口を目指しています。寄付先についての情報提供も原則として複数の候補をお示しして、選択していただけるように努めています。今後、地域で遺贈寄付が進む上では、こうした資金仲介を担う加盟団体の果たす役割がますます重要になってくるでしょう。

第3章

遺贈寄付の注意点

遺贈寄付を受ける場合の法務的、税務的なリスクについて理解をしていく章です。また、日本で多い、遺贈寄付における不動産売却手続きについても知ることができます

18

遺言による寄付を行う場合の注意点はありますか？

◆遺留分を侵害しない

まず注意しなければならないのは、法定相続人の遺留分を侵害しないことです。遺留分とは、被相続人の相続財産について、その一定割合の額の承継を法定相続人に保証する制度です。遺贈の遺言が法定相続人の遺留分を侵害したものである場合、受遺者である民間非営利団体が法定相続人から遺留分の権利行使を受け、遺贈がもらえなくなるおそれがあります（P50 参照）。

◆包括遺贈による債務継承

次に注意をしなければいけないのが、「包括遺贈」です。「包括遺贈」とは、「全財産（の○分の 1）を遺贈する」というように、被相続人の個々の財産を特定しないで遺贈の対象とすることです。これに対して、「金 1000 万円を遺贈する」というように被相続人の個々の財産を特定して遺贈の対象とすることを「特定遺贈」といいます。「包括遺贈」の場合には包括受遺者（民間非営利団体）は相続人と同一の権利義務を有することになるため、被相続人の積極財産のみならず消極財産（借金の返済義務や損害賠償義務などの債務）も承継します。仮に遺言に消極財産は特定の法定相続人や受遺者にのみ承継させるとの記載があったとしても、それを理由に債権者への支払等を拒むことはできません（債権者に対抗できない）。従って、包括遺贈においては受遺者である民間非営利団体は被相続人の債務も承継することになるため、リスクを伴うことがあります。

◆現物寄付におけるみなし譲渡課税

３つ目の注意点は、不動産や株式などの現物の寄付を受ける場合です。不動産等の現物寄付財産が、含み益がある財産である場合には、「みなし譲渡課税」が発生します。この「みなし譲渡課税」は基本的には相続人が負担すべきものですが、現物はもらえないのに納税義務のみを負担させられることになる相続人の理解が得られないことが多く、トラブルに発展する可能性があります。また、不動産の場合には、不動産の遺贈を受けた民間非営利団体が、その不動産をどのように活用し、管理するのか、また売却する場合であれば、どのような方法で売却先を見つけるのか、ということについて団体の方針を決めておかないといけないので、注意が必要です。

この３点さえ気を付ければ、遺贈寄付はそれほど難しいことはありません。以下、この３点を中心にして、注意点を詳しく見ていくことにします。

＜遺贈寄付の注意点＞

①遺留分を侵害しないように注意が必要

②包括遺贈の場合には、債務も承継することになるので注意が必要

③不動産や株式等の遺贈を受ける場合には、みなし譲渡課税が課される場合があり、また、不動産の場合には、活用・管理・処分の問題があるので注意が必要

19

遺留分とは何ですか？

◆相続財産に対する法定の取り分です

遺言によっても一方的に奪うことのできない法定相続人の権利に「遺留分」があります。遺留分とは、被相続人の兄弟姉妹（代襲の場合は甥姪も）を除く法定相続人に保証された相続財産[4]に対する一定割合の取り分のことをいいます。

遺留分の割合は、直系尊属（父母と祖父母）のみが相続人である場合には相続財産の3分の1、それ以外の場合には、相続財産の2分の1です。この割合に、各相続人の法定相続分を乗じたものがそれぞれの遺留分になります。

右頁の例ですと、法定相続人全体の遺留分は相続財産の2分の1、これに各相続人の法定相続分を乗じた割合が各人の具体的な遺留分です。配偶者の場合、全体の遺留分の2分の1に法定相続分の2分の1を乗じた4分の1が遺留分です。同様の計算により、子②と孫③には各12分の1、孫①と孫②には各24分の1が遺留分です。なお、これらの法定相続人が被相続人から特別の受益（まとまった額の学費や住宅購入資金の援助など）を得ていると、その価額が遺留分から控除されます。

遺贈によって遺留分を侵害された相続人は、相続開始と遺留分の侵害を知ったときから1年以内に限り、「遺留分減殺請求

---

4)　被相続人が相続開始の時に有した財産の価額に、被相続人が贈与した価額（原則1年以内のもの）を加えた額から、債務全額を控除して算出される。

権」という権利の行使が可能です。遺留分権利者から遺贈の相手に対してこの請求がなされると、遺贈の効果が遺留分の割合に応じて否定され、受遺者、相続人、遺留分請求者間で一種の遺産共有の関係が生じます。これを解消するためには分与や分割のための調整が必要となり、遺留分の価額の評価などを巡って紛争に発展するケースもあります。

従って、民間非営利団体へ遺贈をする遺言は、遺留分を侵害しないような遺言の作成を心がけるのが無難です。相続財産は遺言作成後に増減することがありますので、遺留分についてある程度の余裕を見込んでおくとよいでしょう。

図 10. 法定相続人と遺留分は？

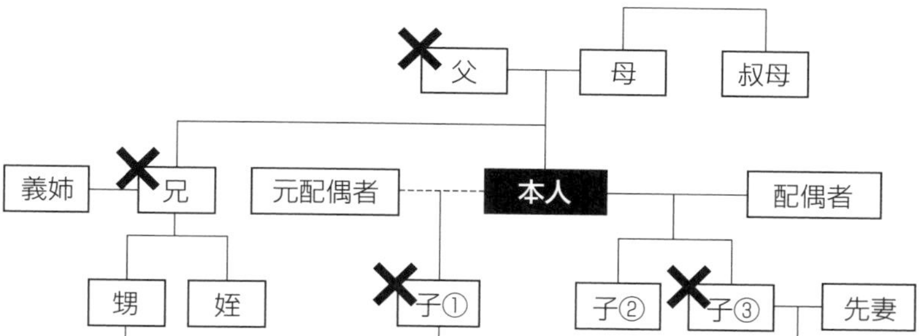

法定相続分　配偶者 1/2　子② 1/6　孫① 1/12
孫② 1/12　孫③ 1/6

遺留分　配偶者　1/2 × 1/2 = 1/4
子②、孫③　各　1/2 × 1/6 = 1/12
孫①、孫②　各　1/2 × 1/12 = 1/24

20

包括遺贈と特定遺贈はどう違うのですか？

◆遺贈する財産を特定するかしないかの違いですが、法的には大きな違いがあります

「包括遺贈」とは、被相続人の個々の財産を特定しないで行う遺贈です。包括遺贈には、遺言者の財産の全部を一人の受遺者に帰属させようとする「全部包括遺贈」と一人又は数人の受遺者に対する財産の帰属の割合を示す「割合的包括遺贈」とがあります。

包括遺贈の場合の包括受遺者（民間非営利団体）は、相続人と同一の権利義務を有します。従って、積極財産のみならず消極財産も承継します。そのため、被相続人に借金や連帯保証債務があれば、それも引き継ぎます。従って、包括遺贈を受ける場合には、被相続人の財産債務を精査する必要があります。

一方、「特定遺贈」とは、「金 1,000 万円を遺贈する」というように、被相続人の個々の財産を特定する遺贈です。特定遺贈の場合には、消極財産は特定遺贈の目的となっていない限り承継しませんので、被相続人の借金や連帯保証債務を受遺者である民間非営利団体が承継することはありません。

もし、民間非営利団体が包括遺贈を受けた場合で、多額の債務を引き受ける可能性を避けたいのであれば、限定承認という選択肢が考えられます。限定承認とは、遺贈により得た財産の限度の範囲内で債務を引き受けることです。ただし、限定承認は、相続人も全員限定承認をする必要があるため、他の相続人

や受遺者の存在を前提とする割合的包括遺贈の場合には、使いにくいのではないかと思います。また、限定承認をする場合には、包括受遺者は、相続開始を知った日から3か月以内に家庭裁判所に申述をする必要があります。

また、包括遺贈、特定遺贈いずれの場合でも、受遺者である民間非営利団体は遺贈の放棄をすることができます。遺贈の放棄とは、積極財産も消極財産も、一切遺贈を受けないことです。遺贈の放棄は、相続人の意向に関わらず、受遺者の判断で実行することができます。ただし、包括遺贈の場合には、包括受遺者は相続開始を知った日から3か月以内に家庭裁判所に相続放棄の申述をしない場合には、遺贈を承認したものとみなされます。この期間（熟慮期間）は、相続財産調査の必要がある場合などに、家庭裁判所に伸長を求めることができます（限定承認の場合も同様です)。これに対して、特定遺贈の放棄は相続人又は遺言執行者に放棄の意思を伝えるだけで遺贈の放棄ができます。

包括遺贈 ⇨ 被相続人の財産だけでなく借金や連帯保証債務も承継する可能性がある

※限定承認、放棄をする場合には、相続開始を知った日から3か月以内に家庭裁判所に申述をする。限定承認は相続人も全員限定承認をする必要がある。

特定遺贈 ⇨ 被相続人の借金や連帯債務は承継しない

21

遺贈寄付で不動産を受ける前の確認事項はなんですか？

◆売却もしくは、団体で利用可能かを事前に確認しましょう

最後まで自宅で過ごしたい、相続人がいても自宅を引き取る人がいない、引っ越しまでして売却するのも面倒などの理由で、自宅を遺贈したいと考えている方が増えていますが、不動産を現況のまま遺贈として引き受ける団体は多くありません。

その理由は現金に比べ手続きが煩雑で時間もかかり、多少のリスクを感じる団体が多いからだと思います。遺贈を受けた団体の事業目的に合致して不動産をそのまま利用できるケースは非常に少なく、大半は売却することになります。

事前に不動産を遺贈したい旨の相談があった場合は、

（1）売却しても良いかを本人または遺贈仲介者に確認してください。可能なら遺言書に売却可能であることを書いてもらってください。

（2）次に売却可能な物件であるかどうか調べます。通常の戸建て住宅やマンションならほとんど売却可能ですが、別荘地、リゾートマンション、山林、農地、借地（家）のほか第三者が不法占有する物件などは売却に時間がかかったり、最悪売れない場合もあるので事前調査が必要です。

（3）売却またはその団体が活用可能で遺贈を受けてもよいと決まれば、その不動産の登記事項証明書（登記簿謄本）を取り寄せて、登記名義人、抵当権、借地権、共有者などを確認して売却に支障がないか確認してください。遠方の物件でも郵送

やネットで申請は可能ですが、その不動産の全ての正確な所在と地番、建物番号を書いてください。もし抵当権や借地権が設定されていた場合は、その抹消をお願いしてください。

（4）売却の可能性と売却予定額は、インターネットの不動産情報でもある程度の予想はできます。市区町村役場が発行する固定資産評価証明書も、売却価格の参考になります。全国レガシーギフト協会では、加盟団体、レガシーパートナー向けに、無料の不動産査定取次サービスを提供しています。

（5）不動産の登記済証（権利書）や不動産取得価格が判る書類（売買契約書）を保存されているかも確認した方がよいです。事業資産のビルやマンションの場合は、入居者との賃貸借契約書や債務残額などの確認なども必要になります。所有者が共益費を滞納していないかも確認しておきましょう。

（6）不動産を遺贈したい旨の相談を受けた場合はできれば現地に行って実際の物件を下見し、近隣の不動産情報を調査します。その時、不動産や所有者の情報が周り人に分らないように最大の注意を払う必要があります。もし、遺贈仲介者がいれば同行をお願いした方がよいです。

（7）自宅不動産の遺贈を受ける場合は、家財道具が残っている場合も多く、特に仏壇・位牌、貴金属、美術品、アルバムはその整理に困ることがあります。遺言者に家財道具の整理方法や形見分けなどの希望を、遺言書の付言事項かメモを遺言書と一緒に保管してもらうと売却前の家具整理の時に役にたちます。

不動産を積極的に受けているある団体では全体の約 1 割が不動産遺贈を含んでおり、遺贈金額も多くなるそうです。

22

遺贈寄付を受けた不動産を売却する具体的な手続きは？

◆通常の不動産売却と同じですが、売却額の透明性と、家財道具の整理に注意が必要です

手続きの主な流れは、遺言執行者から「遺贈通知」を受け「遺贈承認」「所有権移転登記」「売却前手続」「売却依頼」「売買契約・所有権移転登記」「売却完了」となります。

（1）遺贈承認は、遺贈不動産が売却もしくは団体で活用できるかを判断して承認してください。そのためには、登記事項証明書（登記簿謄本）、登記済証（権利書）、固定資産税評価証明書、不動産売買事例、不動産情報などから判断します。特に共有者、抵当、借地（家）権などは注意してください。

（2）所有権移転登記（遺贈登記）によって団体の所有になります。必要書類（遺言書、登記事項証明書、遺言者の住民票の除票、戸籍謄本等）は通常は遺言執行者が用意します。団体側は法人の資格証明書（法人番号でも可）登録免許税の支払いくらいです。任意団体の場合は代表者の個人名義で登記することになりますので、代表者の住民票が必要です。

（3）売却前手続では、家財道具などが残っていることもあり整理が必要です。仏壇・位牌、貴金属、美術品、アルバム等の整理は遺言執行者に相談しながら進めてください。事前相談がある場合は遺言者の意思を聞いておくと良いと思います。

（4）不動産売却依頼には、複数業者に依頼する一般媒介契約と、1社に依頼する専属専任媒介があります。遺言書等に仲

介者が指名されていればその通りにしますが、指名が無い場合は遺言執行者と相談して決めてください。遺言執行者は遺贈登記までの役割が一般的です。不動産仲介業者の選択は透明性の確保が大事です。高額な事業用物件などは売却予定額を入札方式で不動産仲介業者を決める方法もあります。

（5）所有権移転登記には売買契約書、登記済証、実印、固定資産納税証明書、物件状況報告書など多くの書類が必要ですので不動産仲介業者と相談しながら準備してください。契約時に契約金（手付金）の受領、仲介手数料、固定資産税などの精算を行うのが一般的です。

（6）売却完了後に寄付額を確定させますが、売却額全額を寄付額にして経費を別に計上する方法は、予算外の支出を伴いますが、寄付額は判りやすいです。売却額から売却経費を差し引いて寄付額にするには、仮受、仮払処理で精算した場合は、予算外の支出はありませんが、寄付額は売却額より少なくなります。遺言執行者とも相談して決めてください。

（7）決算日までに売却できない場合は、財務諸表に固定資産税評価額等で計上を行います。翌年度に売却が終わり計上額よりプラスなら寄付額の追加で、マイナスなら寄付額が減ります。

（8）遺言書作成段階で、不動産を遺言執行者が売却して現金を遺贈する「換価型遺言」による方法もあります。遺言書の記載例は「私は、私が有する以下の不動産を後記遺言執行者にて、換価処分させ、これに伴う費用（みなし譲渡課税を含む）を控除した残余を○○○○（所在地）に遺贈する」

23

みなし譲渡課税とは何ですか？

◆不動産等を遺贈した場合に、譲渡したとみなして課税します

不動産や株式等を遺贈した場合で、その不動産や株式に含み益がある場合には、その含み益部分について、遺贈した被相続人の準確定申告で、譲渡所得税の申告をする必要があります。このような含み益に課税することを「みなし譲渡課税」といいます。

みなし譲渡課税の趣旨は、相続、遺贈の時までの年々の値上り益（キャピタルゲイン）は、被相続人に帰属するものであるから、資産が被相続人から離れるときには、その時点でキャピタルゲイン課税の清算をすべきであると考えるからです。また、資産を売却したうえで、その売却代金を寄付した場合と、課税上の違いをなくすということもあります。

みなし譲渡に係る納税については、包括遺贈の場合であれば、包括受遺者は被相続人の財産、債務を承継しますので、不動産等の寄付を受けた受遺者（民間非営利団体）が納税義務者になります。

特定遺贈の場合には、相続人がみなし譲渡に係る税額を原則として承継します。特定遺贈の場合には、不動産等の寄付を受けた民間非営利団体は所得税を負担せず、不動産等を取得していない相続人が、不動産等に係る所得税を全額負担することになるため、相続人からすると、不動産等を被相続人の意思で法人に遺贈することは許容できる場合でも、その分の所得税まで

負担するということは、許容できないケースもあり、トラブルに発生する可能性が高くなります。

図 11．みなし譲渡課税の仕組み

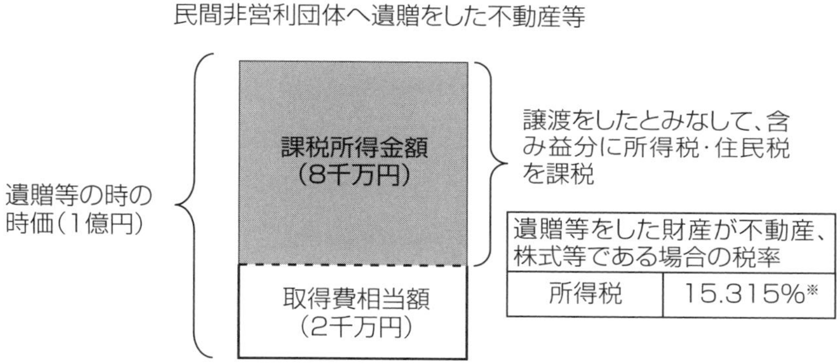

※亡くなった年には住民税がかかりませんので、遺言で寄付をした場合には、所得税のみが課税されますが、生前の寄付や相続財産の寄付の場合には、所得税にプラスして住民税が５%かかります。

＜みなし譲渡課税の納税義務者＞

〈包括遺贈の場合〉

→不動産等の寄付を受けた受遺者（民間非営利団体）が納税義務者になる

〈特定遺贈の場合〉

→相続人が納税義務者になる

24

みなし譲渡課税がかからない方法はありますか？

◆受遺団体が相続税を負担する遺言を遺す

みなし譲渡課税に係る税負担は、特定遺贈であれば相続人が負担するのが原則です。しかし、民間非営利団体が寄付を受けた不動産等を売却するのであれば、民間非営利団体がその売却代金からみなし譲渡課税に相当する税負担をすることも考えられます。その場合には、下記のような遺言を残すといいでしょう。

＜みなし譲渡課税の負担記載例＞

第○○条　遺言者は、遺言者の有する次の土地、建物及び遺言者名義の預貯金、金融資産を特定非営利活動法人○○に遺贈する。なお、その遺贈に伴って発生する税金は、特定非営利活動法人○○が負担するものとする。

◆清算型遺贈にする

不動産を換価（売却）し、税金等を控除した残金を寄付する旨の遺言を遺すという方法も考えられます。これを「清算型遺贈」といいます。

清算型遺贈では、遺言執行者が不動産等の売却をすることになるので、遺言執行者を誰にするのかが重要になります。不動産の売却や有価証券の換金が煩雑であったり、不可能な場合もあり、その場合には、執行は停止してしまいます。

清算型遺贈の具体的な書き方は、巻末資料１遺言書サンプルの第５条（P92）を参照ください。

◆みなし譲渡所得の非課税規定を利用する

一定の要件を満たした不動産等の譲渡については、国税庁長官の承認を受けた場合には、みなし譲渡課税が非課税になります。この規定のことを、租税特別措置法40条といいます。この規定を受けるためには、下記に掲げる３要件をすべて満たしている必要があります。

公益増進要件	その寄付が教育又は科学の振興、文化の向上、社会福祉への貢献その他公益の増進に著しく寄与する。	①公益目的事業の規模が一定以上 ②公益の分配が特定の者に偏ることなく公平に与えられている ③公益目的活動による対価が事業の遂行上直接必要な経費と比較して過大でない ④法令に違反する事実等がない
事業供用要件	寄付財産を寄付があった日から２年を経過する日までの期間内に受遺法人の公益目的事業の用	・寄付財産を売却し、その売却代金を公益目的事業に使った場合は事業供用要件を満たさない。 ・寄付財産が建物等の場合に、その賃貸収入を公益目的事業の用に供している場合も該当しない。 ・寄付財産が株式である場合には、そ

	に直接供する、又は供する見込みである。	の果実である配当金が毎年安定的に生じている場合には、公益目的事業の用に直接供するとされる。
不当減少要件	その寄付が寄付者又はその親族等の相続税、贈与税の負担を不当に減少する結果とならないと認められる。	以下の要件をすべて満たさないと不当減少要件に抵触します ①その法人の運営が適正である ②関係者に特別の利益を与えない ③残余財産等が国等に帰属する旨の定めがある ④公益に違反する事実がない

◆承認特例の制度を利用して、みなし譲渡非課税をすぐに受ける

租税特別措置法 40 条によるみなし譲渡の非課税の承認を受けるためには、通常、2～3 年を要するといわれていますが、認定 NPO 法人や一定の公益法人等への寄付については、申請書を提出してから 1 カ月以内（寄付をした資産が株式等である場合には 3 カ月以内）にその申請について国税庁長官の承認がなかったときは、承認があったものとみなす「承認特例」という制度があります。

以下では、公益社団法人、公益財団法人（以下「公益社団法人等」）への寄付についての「承認特例」の要件を見ていきます。

＜要件１＞　寄付をした人が寄付を受けた法人の役員及び社員並びにこれらの人の親族等に該当しないこと。

その法人にまったく関係のない人からの寄付であれば、寄付が租税回避に使われる可能性が低いと考えられます。

> ＜要件２＞　寄付財産が、一定の公益目的事業に充てるための基金に組み入れられる方法により管理されていること。

この制度を使うためには、公益社団法人等が一定の基金を設置して、行政庁の証明を受け、また、監事の監査を受けた基金明細書を事業年度終了後３カ月以内に行政庁に提出する必要があります。

> ＜要件３＞　寄付を受けた法人の理事会等において、寄付の申し出を受けること及び寄付財産を基金に組み入れることが決定されていること。

基金の管理や運用について審議する合議制の機関を設置することが条件になります。

◆特定買換資産の特例を利用する

みなし譲渡所得税の非課税特例は、受遺団体が、寄付を受けた財産を公益目的事業の用に直接供することが要件なので、原則として寄付者が譲渡した資産を受遺団体が売却して売却代金を本来の活動に充てたり、他の資産に買換えをした場合には、非課税の特例を受けることができません。

しかし、認定 NPO 法人や一定の公益法人等が、非課税承認を受けた資産を前頁の基金に組み入れて、その後買い替えた資産をその基金の中で引き続き管理する等の一定の要件を満たす場合には、非課税措置を継続して受けることができます。これを、「特定買換資産の特例」といいます。

・一定の基金等で管理し公益目的事業に使用
・基金等内での寄付財産の買い換え
→ 非課税承認の継続

例えば、寄付者が居住していた不動産を寄付した場合に、受遺団体が、その寄付を受けた不動産を公益目的事業の用に供していなければ、みなし譲渡所得税の非課税規定が受けられませんが、認定 NPO 法人や一定の公益法人等が設定した基金で不動産を受け入れ、その基金内で株式等に買い替えて、運用管理し、その配当金を公益目的事業の用に供する場合には、非課税を継続することができます。

ただし、収益用の不動産の場合には、寄付を受けた不動産を賃貸し、収益を得た時点で、公益目的事業の用に直接供していないとされ、みなし譲渡の非課税特例の適用が受けられません。もし特定買換資産の特例を受ける場合には、賃貸に供する前に売却をして株式等に買換える必要があります。

25

遺言での寄付と相続人の意思での寄付との違いは？

◆相続人が寄付をする場合は原則として相続税が課税されます

遺言は、遺産の処分について、被相続人の意思を反映させることができます。従って、その遺言の効力があれば、受遺者である民間非営利団体が遺贈の放棄をしない限り、被相続人の意思は実現されます。

それに対して、遺言の付言事項やエンディングノート等で被相続人が相続人に財産の処分について、民間非営利団体への寄付を希望した場合には、法的な拘束力はありませんので、相続人が被相続人の意思を汲んで相続財産の中から寄付を実行するか、あるいは寄付を実行しないかは、相続人の意思次第です。

また、相続税の扱いについても、遺言による寄付と相続財産の寄付は扱いが違います。

遺言による寄付の場合には、その寄付をした財産は、遺言の効力が生じたときから受遺者である民間非営利団体に帰属したものとみなすため、その寄付をした財産は相続税の課税対象になりません。たとえ、寄付先が一般社団法人や一般財団法人、あるいは認定を受けていないNPO法人等であっても、相続税の対象にはなりません（相続税の負担が不当に減少する場合には、民間非営利団体を個人とみなして相続税が課税される場合があります）。

一方、相続人による相続財産の寄付の場合には、その財産は、いったん被相続人から相続人に相続され、その後に相続人から法人に寄付をされると考えますので、その財産について、原則として、相続人に相続税が発生します。ただし、寄付先が国、地方公共団体や、公益社団・財団法人、認定 NPO 法人等の税制優遇を受けられる法人であり、相続税の申告書の提出期限までに寄付がされている場合には、相続税が非課税になります（租税特別措置法 70 条）。

＜遺言による寄付と相続財産の寄付の相続税における差異＞

遺言による寄付	相続財産の寄付
・民間非営利団体への寄付について、被相続人の意思を反映させることができる。 ・遺贈先が、一般社団・財団法人や認定を受けていない NPO 法人等であっても相続税の課税対象にならない（不当減少の場合を除く）。	・民間非営利団体への寄付について、最終的には相続人が意思決定をする。 ・原則は相続税の課税対象になる。寄付先が国、地方公共団体や、認定 NPO 法人等の税制優遇団体である場合で、相続税の申告期限までに寄付をしている場合には相続税は非課税になる。

＜ワンポイントアドバイス＞

相続人が相続財産を寄付する場合には、必ずしも、被相続人の意思を汲んで行うとは限りません。被相続人とは関係がない、相続人が支援する団体へ寄付をするケースもあります。相続税では、申告期限までに相続人が認定 NPO 法人等に寄付をしていれば、被相続人の意思の有無に関わらず、非課税として扱うことになっています。

コラム

一度に多額の寄付が入ることについて

遺贈寄付の場合には、今まで受けたことがなかったような多額の寄付を一度に受けることがあります。その場合には、その受けた寄付を、今後どのように活動に活かして使っていくのかについて、理事会等でしっかりと議論していくことが必要になってきます。また、預金口座を分けて、「基金」として運用していくことも考えられます。

公益社団法人、公益財団法人の場合には、一度に多額の寄付を受けた場合には、公益目的事業の収入は公益目的事業の支出を超えてはいけないという、収支相償の原則をどうクリアしていくのか、という問題があります。遺言で使い道が指定されていたり、法人内部の寄付金規程等により、寄付者の意思の範囲内で具体的な事業を特定し、又は具体的な事業に配分出来る時などは、指定正味財産に計上し、収支相償の計算から除くことができます。使い道の指定がない場合には、特定費用準備資金を計上するか、資産取得資金の積み立てで対応することが考えられます。特定費用準備資金は将来の特定の事業のために積み立てる資金で、資産取得資金は公益目的事業に使う資産の購入のために積み立てる資金です。いずれも理事会等で取扱規程を作ることなどが必要です。

また、認定NPO法人の場合には、実績判定期間中の寄付金の7割以上を特定非営利活動に係る事業に充てなければならないという規定があり、多額の寄付を受けた場合に、この基準をクリアできなくなる可能性があります。そのような場合には、理事会等でその寄付の使途を定め、特定資産に計上することで、事業費と同じように扱うことができることになっています。

第４章

さあ始めよう遺贈寄付の受入れ

ここまでの章で日本における遺贈寄付の背景と課題、基礎知識やリスクを学んできました。この章では、実際に遺贈寄付を受けるために団体が行うべき行動を分かりやすくお伝えします

26

遺贈寄付を受けるための５つのステップ

ここでは、民間非営利団体が遺贈寄付を受けるためのステップを次のとおり整理しました。

第一のステップ：遺贈寄付についての基礎知識を得る

　まず、基本的な知識を習得することが必要です

第二のステップ：遺贈寄付受け入れの準備をしよう

　遺贈寄付メニュー設計、専門家連携等を行います

第三のステップ：遺贈寄付の導線を設計しよう

　ドナーピラミッドの理解をしましょう

第四のステップ：情報発信を行おう

　パンフレットや説明資料を作成します

第五のステップ：感謝しよう

　遺贈寄付希望者や家族への感謝が大切です

図 12. ５つのステップ

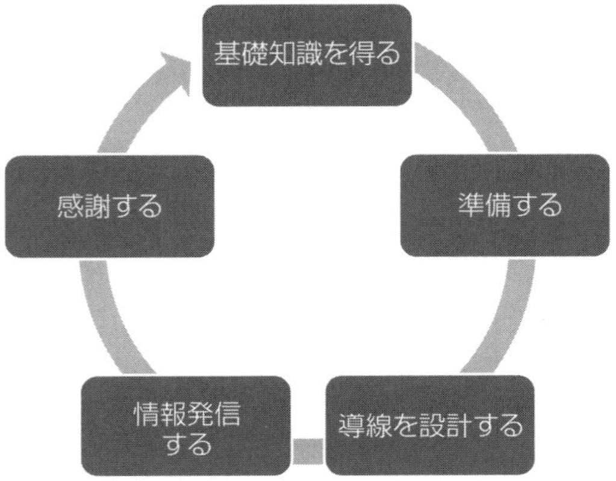

コラム

在外資産の相続と外国人の相続

国際化が進む中、日本に住む外国人の方から、日本国内にある財産について遺言書の作成を依頼されることは珍しくありません。また、外国に資産を保有する日本人の方から、その財産の遺贈について相談を受ける機会も増えています。

しかし、このように国際的な側面を持つ遺言・相続については、適用される法律や制度が日本とは異なることがあるため、注意が必要です。

たとえば、外国人の方は、日本に居住している場合には、日本の方式で遺言を作成することができますが、遺贈の有効性については、被相続人の本国法に基づいて判断されるため、その方の国の法律によっては、遺贈の手続きがスムーズにいかない可能性があります。

また、日本人が、海外に財産を遺して死亡した場合、たとえ、日本の方式で有効な遺言を作成していたとしても、国によっては、それが通用せず、裁判所が関与する相続手続き（プロベイト）が必要となり、手続きに多くの時間と費用がかかることがあります。そのため、一般的には、財産が所在する国の方式に基づいた遺言書を作成することが望ましいとされています。

ですから、外国人の方による遺贈や、日本人の方であっても、海外にある財産の遺贈を受ける場合には、事前に、適切な専門家に相談されることをお勧めします。

27

第１ステップ：遺贈寄付の基礎知識を得る

まず、民間非営利団体の側でも最低限の基礎知識を持つことが必要です。その基礎知識は本書にある内容がまさに該当します。しかしながら、ここではファンドレイジングの観点から必要と考えられるポイントをいくつか整理します。

①遺言書の書き方についての理解

これまでの各セクションでご説明したとおり、遺言書の書き方によって、受け手側としての実務が大きく変わることがあります。どのような遺言の書き方をしていただくかが、円滑にご意思を活かしていく上で重要になります。

専門家に相談することが最終的には必要となりますが、まずは、どのようなケースがあり得るのかを知っておくことが大切です。

②遺贈、相続寄付、信託による寄付などの違いや手順への理解

遺言書による遺贈寄付、相続財産の寄付、信託による寄付など、実務的にはいくつかのパターンによって手順や注意点が違います。その違いを押えることが必要です。特に現金以外の資産を受ける場合はその後の処理についても注意が必要です。

③受け手側の法人格の違いによる会計処理への理解

遺贈寄付を受けた際の会計処理は、今度は受け手側の法人

格によって違いがあります。特に公益法人の場合は、収支相償の考え方がベースにありますので、会計処理の際には、会計区分を間違えないようにします。また、現金以外を受けた場合、納税するのか、非課税適用を受けるのかの方針の決定も事前に重要となります。

④遺贈寄付希望者へのコミュニケーション上の重要な点の理解

遺贈寄付の関心者の相談に対しては、プライバシーへの配慮が非常に重要です。ある団体では、遺贈寄付についての資料請求があった場合、「団体のロゴ入りの封筒でよいか、白封筒がよいか」というところまで確認するそうです。遺贈寄付をご本人が検討されている際には、まだご家族にもご相談されていないケースが多く、そうした配慮も必要となります。

⑤事例に対する理解

遺贈寄付がどのようなケースでトラブルとなるのか、主なトラブル事例は本書で既に整理されていますので、最低限、このトラブル事例が回避できるような準備をすることが必要です。

これは逆にいいますと、遺贈寄付についての「良い事例」についての理解を持つことも大切です。遺言の付言事項（追記のようなもの）で相続人へ「何故この団体に寄付したいのか」のメッセージを記載するなど、円滑な遺贈寄付実現のための良い事例への理解も必要です。

⑥寄付者の意思決定と実行プロセスに対する理解

遺贈寄付をしようと考える方には、最初から寄付先が決まっている人と、寄付先が決まっていない人がいます。前者に対しては、財産配分や遺言作成について考えていくことになりますが、後者はその前の寄付先選びの段階にあり、情報収集の目的で団体に問い合わせして来ることが多いでしょう。

そのときに団体としては、自団体のアピールをするだけではなく、寄付者に寄り添い「自分の人生と支援する団体との接点」や「なぜこの活動に共感するようになったのか」などについて、一緒に考えることが大切です。

その後に、寄付者の意思決定プロセスにおいて、適切なサポートをすることが、寄付者の想いを叶えることにつながります。

図 13. 寄付者の意思決定と実行のプロセス

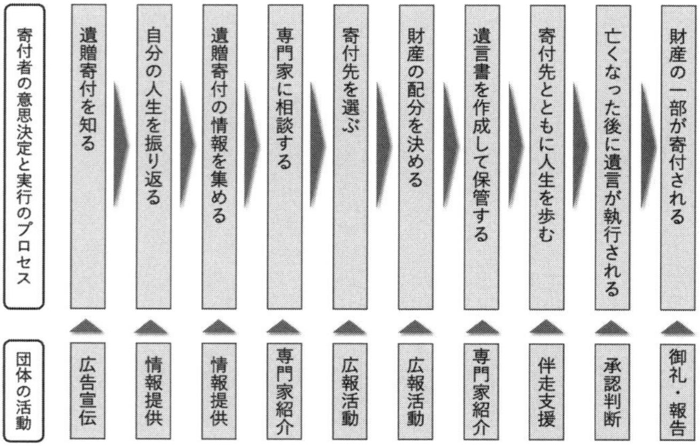

28

第２ステップ：遺贈寄付受け入れの準備をしよう

第１ステップで基礎知識を習得したとして、次の段階では、自団体の遺贈寄付受け入れの準備を整える段階です。

①遺贈寄付のメニュー設定

まず第一に重要なことは、現金だけを受けるのか土地や株式までも受けるのか、という点の決定です。

次に一般寄付においても同様ですが、単純に「遺贈寄付を受け付けています」とだけ言う場合もありますが、より明確に使途などについて説明したり、メニュー設計をするケースもあります。

例えば、遺贈者の氏名を付した「冠基金」として設定することを可能とするかどうか、という点や、団体によっては遺贈寄付を受ける場合には遺言執行者も引き受ける場合、あるいは遺贈寄付以外の義務（負担事項）を受け入れる（例えば遺贈を受ける場合に自宅等の残余財産処分や葬儀の実施、障害を持つ子どもの面倒を見る、などを引き受ける）ケースもあります。

最近では、「○○円の遺贈寄付で〜〜ができる」といった金額との関係での使途イメージをあらかじめ明示する場合も多くなってきました。

更に、遺贈寄付ではありませんが、関連したプログラムとして、香典返し寄付のメニューを設計する場合もあります。

②専門家等との連携

遺贈寄付に際して、受け手の民間非営利団体として、必ずしも弁護士等の専門家の支援がないと遺贈寄付を受けられないということはありません。実際に多くの団体は、突然遺言執行者や故人の家族から連絡を受けて、遺贈寄付が振り込まれるだけで受けている場合が多くあります。その場合は、会計処理上の対応はあるとしても、特段弁護士や税理士の支援が必要ない場合もあります。

ただ、積極的に遺贈寄付の受け入れを外部に表明する場合、潜在的な遺贈寄付の関心者から事前のご相談をいただくことがあるので、実際の実務を想定すると、弁護士、税理士等の専門家や金融機関等との連携が必要となる場合があります。その場合でも、特に遺言書を書く段階では、一般的に単純な相続であれば遺言書のサンプル通りに記述するだけで良い場合もありますが、複雑な相続であったり、包括遺贈を希望されるケースなどでは、そうした実務になれている弁護士、税理士の方をご紹介するということも必要になってきます。

③受遺団体としての受入体制の整備

遺贈寄付は一般の生前寄付とは異なり、「相続」という問題が必ず関係します。特定遺贈で現金を受けるような比較的リスクの少ない場合でも、財産を受ける受遺者として相続人からの問い合わせや遺留分侵害額請求に対応する場合もありますので、相続に対する理解が必要となります。

相続に対するリスクを組織として正しく認識し、遺贈寄付のどの範囲に取り組むのか方針決定し、その方針を規程などに定めます。さらに、マーケティング戦略を策定し、組織体制を整えた後に広報活動を行います。

こうしたプロセスを無視して、いきなり遺贈寄付のパンフレットを作成して寄付者を募集してしまうと、思わぬリスクのある案件を抱えることになりかねません。遺贈寄付特有の受入体制をしっかり整備しておくことが重要です。

図 14. 受遺団体の受入体制整備のプロセス

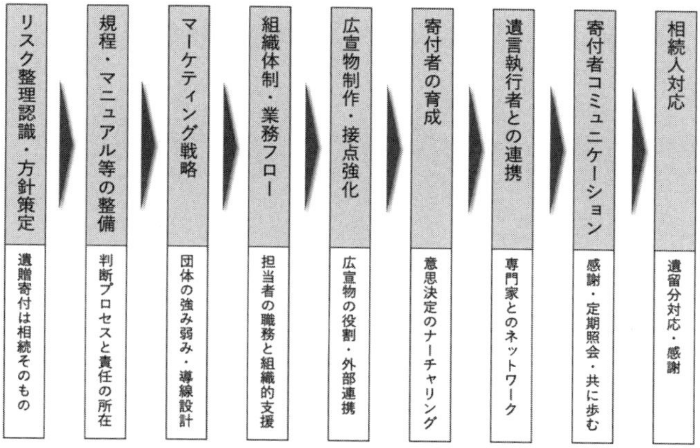

29

第3ステップ：遺贈寄付の導線を設計しよう

遺贈寄付のメニュー設計をして、発信の準備が整ったとします。では、その後の働きかけはどのようにするのがよいのでしょうか？

ここで、重要な点があります。遺贈寄付は、基本的には、「いきなりお願いをする」ということになじまない性質のものであるということです。

図15. ドナーピラミッド

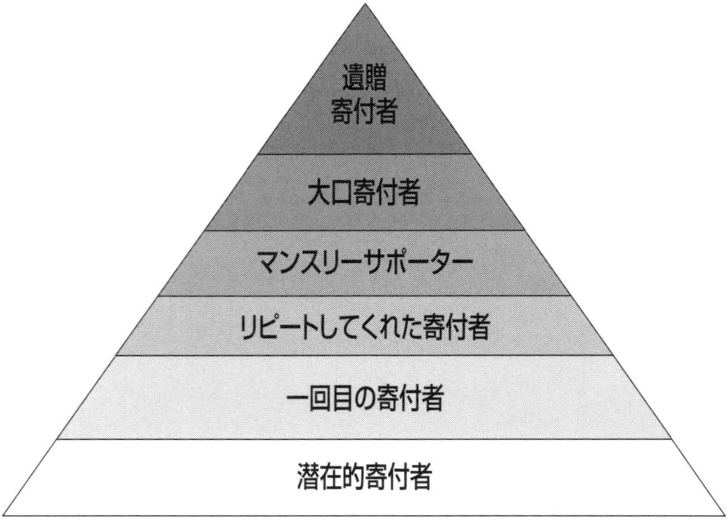

これは、「ドナーピラミッド」と呼ばれるものです。潜在的寄付者が第一回目の寄付者となり、そのあとの丁寧なやりとり

を通じてリピーターに、そしてマンスリーサポーターになる。そうした寄付者の基盤が広がってくると、一定の確率で大口寄付者や遺贈寄付者が発生するという考え方です。つまり、長い人生を通じて、民間非営利団体側が、丁寧にご支援に感謝し、成果報告をする中で、徐々に支援者が上位階層に移行していくということです。遺贈寄付は、このドナーピラミッドの頂点にあり、長年の支援者コミュニケーションの集大成であるともいえます。つまり、いきない初めての支援者として遺贈寄付をお願いするのではないということです。

遺贈寄付だけをお願いするというアプローチは、時に社会的な不信感を生み出すことにもなりかねないので注意が必要です。

上記が遺贈寄付のひとつの王道であるとして、もうひとつの軸は、信託銀行や弁護士等の様々な「相続相談を受ける接点」からの紹介による遺贈寄付です。突然、これまでの支援者ではない方から申し出があることもあります。そうした情報を仲介してくれる専門家や機関との信頼関係の構築ということはひとつの手段です。

しかし、この場合でも、多くの寄付者を丁寧に増やし、継続的関係を保っている組織でないと、簡単に紹介してもらうことはできません。近年、遺贈寄付が増えたり、急に来たりという団体の話を聞いても、普段から小口の支援者も大事にしてきて、長年の支援者との良好な関係を築く努力をしている団体がほとんどといえます。「ローマは一日にして成らず」なのです。

最近では、新聞や雑誌などへの広告だけではなく、SNSやメルマガなどのメディアを活用した寄付者獲得が進んでいます。

遺贈寄付は、クラウドファンディングのように短期的なテーマで募集する形の寄付とは異なり、じっくり支援者を育成する側面が強いことから、息の長い独特な導線設計が必要となります。

遺贈寄付の件数や金額ばかりを追い求めてしまうと、成果が出るまでに時間がかかり、途中で疲弊してしまいますので、適切な KPI の設定と管理が大切です。

図 16. メディアを活用した導線設計

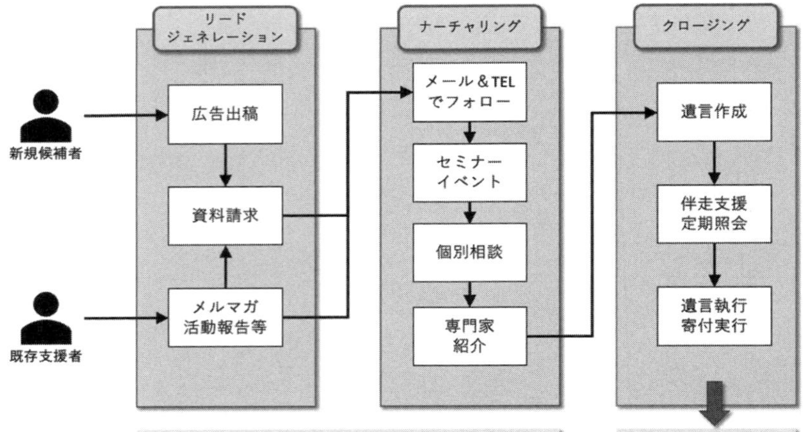

30

第４ステップ：情報発信を行おう

多くの団体は、まず、上記のような検討を経て、ホームページ上、あるいはパンフレット上に遺贈寄付の受け入れを表明することが第一歩となります。その際の表現については、既に多くの団体での事例もありますのでそういったものも参考になります。

基本的には、趣旨の説明に加えて、どのように遺贈寄付を活かすのか、実際の手順はどうなるのか、どのような資産（現金以外の寄付を設けるのか）を対象とするのか、特別なメニュー設計（基金や感謝状の授与など）があるのか等の説明をすることになります。

更に次のような点を明記することがあります。

①相談にあたってはプライバシーに完全に配慮し、守秘義務を守るということ

②一度お問合せをいただいたのち、求められなければこちらから連絡を取ることはないということ

③遺言書に記載すべき正しい法人名称と所在地

④遺言書作成の基礎知識（遺留分について、公正証書遺言の作り方、遺言執行者の役割等）

情報発信の際には、ダイレクトメールを送る場合は一定期間以上の過去の支援者に限るようにしている団体もあります。

情報発信の手段には、ホームページやダイレクトメールの他にも様々なメディアがあり、下図のように分類することができます。

それぞれに特徴がありますので、自団体に合った方法を取り入れましょう。ただ、どの方法が合うのかは実行してみないとわからないことも多いので、試行錯誤を繰り返すことになりますが、継続することが大切です。

図 17. メディアの種類と役割

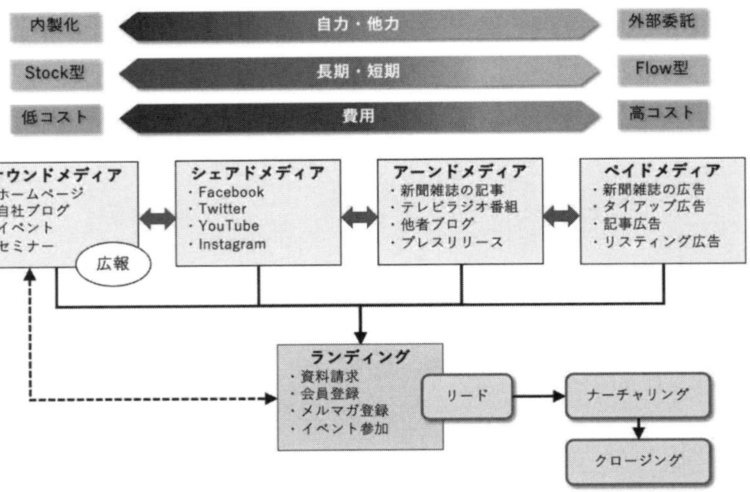

31

第5ステップ：感謝しよう

５つのステップの最後は、「感謝」です。

遺贈寄付は、実際に執行されるタイミングでは遺贈寄付をする人はその成果を確認することができません。そのため、通常の寄付と違い、特別な感謝のコミュニケーション上の配慮が求められます。

①生前のコミュニケーション

寄付をするという遺言を書いたとしても、その後そのことを当該団体に伝えない遺言者は意外に多いものです。しかし、お伝えいただいた場合には、たとえ実際の財産が寄付される前であっても、その気持ちへの御礼や団体の活動報告の送付、イベント等へのご招待などを行う団体もあります。海外ではこうした「プレッジ（遺贈寄付をその団体にすると約束すること）してくれた人リスト」をオフィスに掲示して感謝するケースもあります。

②逝去後のコミュニケーション

希望があれば、感謝状（故人の名前や相続人）を親族に出すケースや施設への名前の掲載、あるいは財務諸表や年次報告書で基金として氏名表記するなど、人生の集大成としての意思を称える扱いをすることもあります。また、海外ではオーケストラへの遺贈者の家族をコンサートに招待して、指揮者から特別に謝辞を述べるなど、残された家族にとっての特別の体験とするような配慮をすることもあります。

おわりに

本書では、民間非営利団体の方が遺贈寄付を受けるための基礎知識として必要十分な内容を整理するという目的で様々な切り口から遺贈寄付について解説しました。

日本の遺贈寄付の潜在的可能性は非常に大きい反面、いくつかの課題により、それが円滑に進んではいません。このことは、結果として人生の集大成として社会貢献しようと考える多くの人にとっての機会が失われているということでもあると思います。

その解決を促進するためには、民間非営利団体の関係者自身がまずしっかりとした基礎知識を持つことが大切です。日本における遺贈寄付の推進のために2016年設立された全国レガシーギフト協会（https://izoukifu.jp）では、以下の課題に優先的に取り組んでいます。

第一は、日本社会における、遺贈寄付の認知と理解の更なる推進です。2020年から、国際遺贈寄付の日である9月13日を中心として「遺贈寄付ウィーク」という遺贈寄付の啓発キャンペーンを毎年展開しています。趣旨に賛同してくださる非営利組織団体、企業や士業の方々と一緒になり、遺贈寄付の持つ意義や可能性、実際に行われた遺贈寄付のストーリーの紹介等を、オンラインや実際のイベントを通じて全国で実施をし、一人でも多くの方に遺贈寄付をお考えいただき、実行していただくよう活動しています。

第二は、マッチングの仕組みづくりです。全国規模、地域レベルで、遺贈等寄付に関心のある人が何時でも安心して相談できて、かつ最適な助言を得ることのできる仕組みが必要です。全国レガシーギフト協会では、「いぞう寄付の窓口」として全国のコミュニティ財団や地域の資金仲介組織と連携して、中立的な立場で遺贈寄付相談を受けることのできる窓口を構築しています。またその相談レベルも皆で切磋琢磨しながら向上していく必要があると考え、相談窓口や専門士業の方々に対して年間を通じて研修を行っています。

第三には、税制面の改正です。現時点で判別しているだけでも、遺贈寄付において、特に土地や株式の遺贈寄付にまつわる税制面では大きな課題があり、実務的支障となっています。こうした税制面は早急に改善する必要があり、今後、政策提言も行っていく予定です。

私たちは、「人生の集大成に社会貢献をしたい」と願う人の意思が尊重されて、かつ適切に実現する社会を創っていきたいと思います。そのことの実現は、今日の日本社会においてシニアの方々への尊敬と感謝の気持ち、世代間の絆を育んでいくことにつながると思います。またそれが、課題先進国といわれる日本が課題解決先進国となる重要な転換点になると考えています。

遺贈寄付推進会議メンバー（五十音順、敬称略、2015 年 12 月 1 日時点）

五十嵐剛志（PwC あらた監査法人 / 公認会計士）
鵜 尾 雅 隆（NPO 法人日本ファンドレイジング協会 代表理事）
江 波 千 佳（江波千佳税理士事務所 税理士）
奥田よし子（奥田税理士事務所 税理士）
鴨 崎 貴 泰（NPO 法人日本ファンドレイジング協会 事務局長）
岸 本 幸 子（公益財団法人パブリックリソース財団 専務理事・事務局長 /NPO 法人日本ファンドレイジング協会 理事）
木 村 真 樹（公益財団法人あいちコミュニティ財団 代表理事/コミュニティ・ユース・バンク momo 代表理事 /NPO 法人日本ファンドレイジング協会 理事）
齋 藤 弘 道（野村信託銀行株式会社 受託業務企画部）
芝 池 俊 輝（東京パブリック法律事務所三田支所 代表 弁護士）
関 口 宏 聡（NPO 法人シーズ・市民活動を支える制度をつくる会 代表理事）
高 橋　　弘（けやき野司法書士法人 司法書士）
樽 本　　哲（赤坂シティ法律事務所 弁護士、NPOのための弁護士ネットワーク 代表）
徳 永 洋 子（NPO 法人日本ファンドレイジング協会 理事）
長谷川隆治（公益財団法人日本財団ドネーション本部ファンドレイジングチームリーダー）
本 郷 順 子（本郷順子税理士事務所 税理士）
山 北 洋 二（あしなが育英会 常勤監事 /NPO 法人日本ファンドレイジング協会 理事）
吉 川　　明（公益財団法人日本盲導犬協会 専務理事）
脇 坂 誠 也（脇坂税務会計事務所 税理士 / 認定 NPO 法人 NPO 会計税務専門家ネットワーク 理事長）

全国レガシーギフト協会 理事・監事

（五十音順、敬称略、2022 年 1 月 31 日時点）

代表理事	樽本 哲	（ＮＰＯのための弁護士ネットワーク設立者・理事／弁護士）
代表理事	山北洋二	（日本ファンドレイジング協会認定講師／あしなが育英会前常勤監事）
代表理事	山田健一郎	（一般社団法人全国コミュニティ財団協会会長）
理事	石原達也	（一般社団法人全国コミュニティ財団 理事）
理事	江波千佳	（江波千佳税理士事務所 税理士）
理事	岸本幸子	（公益財団法人パブリックリソース財団 専務理事）
理事	小阪 亘	（一般社団法人全国コミュニティ財団副会長）
理事	齋藤弘道	（遺贈寄附推進機構株式会社代表取締役）
理事	芝池俊輝	（ことのは総合法律事務所 弁護士）
理事	高橋 弘	（日本成年後見法学会 常任理事 司法書士）
理事	本郷順子	（一般社団法人公益アシスト代表理事 税理士）
理事	三浦美樹	（司法書士法人東京さくら 代表／司法書士）
理事	脇坂誠也	（認定ＮＰＯ法人ＮＰＯ会計税務専門家ネットワーク 代表／税理士）
監事	小島寛司	（弁護士法人名古屋 E&J 法律事務所／弁護士）
監事	鳥居 翼	（鳥居翼税理士事務所 税理士）

全国レガシーギフト協会　いぞう寄付の窓口　加盟団体一覧

（2022 年 1 月 31 日現在）

認定 NPO 法人　北海道 NPO ファンド
公益財団法人　地域創造基金さなぶり
特定非営利活動法人　とちぎボランティアネットワーク・とちぎコミュニティ基金
公益財団法人　ちばの WA 地域づくり基金
認定 NPO 法人　長野県みらい基金
公益財団法人　あいちコミュニティ財団
公益財団法人　南砺幸せ未来基金
公益財団法人　京都地域創造基金
一般財団法人　泉北のまちと暮らしを考える財団
公益財団法人　ひょうごコミュニティ財団
公益財団法人　佐賀未来創造基金
一般財団法人　未来基金ながさき
一般財団法人　くまもと SDGs 推進財団
公益財団法人　みらいファンド沖縄
公益財団法人　パブリックリソース財団
公益財団法人　日本財団「遺贈寄付サポートセンター」
公益財団法人　公益法人協会
認定 NPO 法人　日本ファンドレイジング協会

巻末資料1

遺言書サンプル（特定遺贈）

特定遺贈とは、この不動産、金1,000万円、というように遺言者の個々の財産を特定して遺贈の対象とすることをいいます。ここでは、遺言の効力発生時に配偶者が生存している場合は主要な財産をその配偶者に相続させ、万一配偶者が亡くなっていた場合にはその財産を遺言執行者に換金させたうえで、民間非営利団体に遺贈するとの予備的遺贈を含む特定遺贈の公正証書遺言のサンプルの解説を行っています。なお、実際に遺言書を作成される際には、事案に応じて専門家の支援を受けることをお勧めします。

登場人物・団体

遺言者A
遺言者の法定相続人：配偶者B　長男C　長女D
遺言執行者：X
受遺者：Y1、Y2

遺　言　公　正　証　書

平成27年　第○○○号

記載例	ポイント解説
【前文】※省略 第1条（不動産等の相続） 遺言者は、遺言者が本遺言効力発生時に有する以下の財産を、遺言者の妻【 B 】（昭和○○年○月○日生）に相続させる。	・遺言者に数種類の財産があり、承継の相手を書き分けたい場

＜財産の表示＞

①土地

所　　在　○○市○○町○丁目

地　　番　○○番○○

地　　目　宅地

地　　積　○○平方メートル

②建物

所　　在　○○市○○町○丁目○○番地○○

家屋番号　○○番○○

種　　類　居宅

構　　造　木造瓦葺２階建

床面積１階○○．○○平方メートル

　　　２階○○．○○平方メートル

③上記不動産にかかる損害保険契約上の地位及びその地位に基づく一切の権利義務

第２条（金融資産の相続）

遺言者は、遺言者が本遺言効力発生時に有する以下の国内の財産を遺言執行者にて適宜換金させ、前記【 B 】に２分の１、遺言者の長男【 C 】（昭和○○年○月○日生）に４分の１、遺言者の長女【 D 】（昭和○○年○月○日生）に４分の１の割合で相続させる。ただし、他の条項に記載した金融資産等は本条から除く。なお、本条の財産のうち、遺言執行者にて換金が困難である財産については、本遺言

合にはこのように財産別に条立てをすることが一般的です。

・土地、建物については全部事項証明書から左記の事項を転記します。

遺言書の別紙として財産目録を添付し、遺言書本文で財産目録の内容を引用することもできます。

効力発生時の相続税法および国税庁が定める財産評価基本通達に基づく相続税評価額をもって、前記【 B 】に相続させる財産の一部として同人に名義書換えにて交付する。	
＜財産の表示＞ 次に記載する金融機関にて取引のある全金融資産およびこれに関する未収配当金請求権その他一切の権利 ＜金融機関＞ （1）○○○○信託銀行△△支店 （2）○○○○銀行△△支店 （3）○○○○証券△△支店 （4）その他遺言者と取引のあるすべての金融機関	・金融資産の表示においては、金額の記載は避けたほうが無難です。相続発生時に現存する金額と遺言書に記載された金額が異なっている場合に差額の取扱いが煩雑になることがあるためです。
第3条（その余の財産の相続） 遺言者は、前条までに記載した財産を除く、遺言者が本遺言効力発生時に有する一切の財産（手許現金および在外資産等を含む）を前記【 B 】に相続させる。なお、本条の遺言執行者に前記【 B 】を指定する。	・遺言執行者は承継させる財産ごとに定めることができます。
第4条（債務及び費用の承継） 遺言者は、別途定めがあるものを除き、以下の債務、費用を前記【 B 】に承継または負担させるものとする。	・遺言作成時に債務が存在しなかったとしても後に発生する可能性があるため承継

＜債務、費用の記載＞
（１）遺言者の未払いの公租公課、入院費および日常家事債務
（２）遺言者の葬儀、埋葬等の費用
（３）本遺言の執行に関する費用
（４）遺言執行者に対する報酬等

第５条（予備的遺言）
前記【 Ｂ 】が遺言者より前に又は遺言者と同時に死亡していた場合は以下のとおりとする。
１　第１条記載の前記【 Ｂ 】に相続させるとした財産は、遺言執行者である【 Ｘ 】にて適宜換金させ、同金額から不動産の売却及び移転登記に掛かる一切の費用及び税金を控除した残金を、本条各号記載の各法人に次のとおり分割して遺贈する。
但し、本遺言の効力発生時に、（１）乃至（３）記載の法人のいずれかが消滅し、又は公益事業を廃止していたときは、当該法人に遺贈する分を他の法人に当初の割合で案分して遺贈する。なお、遺贈する財産に１円未満の端数を生じたときは、当該端数を前記【 Ｃ 】に相続させる。
（１）特定非営利活動法人【Ｙ１】
（住所：○○○○）　　　　２分の１
（２）公益財団法人【Ｙ２】

者を指定することには意味があります。なお、債務の承継者の指定は債権者には対抗（主張）できません。
・予備的遺言とは、遺言作成後の事情変更を見越して、予備的な遺言内容を定めておくことを言います。事情変更後に遺言書を書き直す手間を回避することができます。
・下線部は、不動産の換金の手間を受遺者に負担させないために、遺言執行者に不動産の換金、費用等の支払を行わせる内容の遺言の記載例です。遺言執行者の負担が大きくなるため、予め遺言執行者から了解を得ておくことが望ましいでしょう。
・１項但書きは受遺者となる民間非営利団

（（住所：○○○○）　　　4分の1 （3）特定非営利活動法人【Y3】 （住所：○○○○）　　　4分の1 2　第2条記載の前記【 B 】に相続させるとした財産は、前記【 C 】と前記【 D 】に均等の割合で相続させる。 3　第3条記載の前記【 B 】に相続させるとした財産は、前記【 C 】に相続させる。なお、本条の遺言執行者に前記【 C 】を指定する。 4　第4条記載の前記【 B 】に承継または負担させるとした債務諸費用は、前記【 C 】に承継または負担させるものとする。	体が遺言の効力発生時に存在しないか、公益事業を辞めていた場合に備えての予備的な記載例です。
第6条（遺言執行者の指定） 1　遺言者は、本遺言の財産に関する遺言執行者として次の者を指定する。ただし、各条項で別に遺言執行者を定めた財産および債務を除く。なお、遺言執行者は必要と認めたときは、第三者にその任務を行わせることができる。 ＜指定遺言執行者＞ 　住所　：○○○○ 　氏名（法人名）：○○○○	・なお書きは遺言執行者の復任権（遺言執行者がその業務を他人に委任できること）を定めています。
2　本条の遺言執行者に次の権限を付与する。 （1）不動産の名義変更および売却処理 （2）金融資産の名義変更および換価換	・遺言執行者の権限を明確に規定しています。

金 （3）貸金庫の開披、解約および内容物の受取り等 （4）換価換金した代金による遺言執行者に対する報酬、遺言執行に関する費用への支払い充当 （5）その他本遺言を執行するために必要な一切の処分を行うこと。	
第7条（遺言執行者の報酬） 〈定額報酬の記載例〉 遺言執行者に対する報酬等は、金○万円とする。 〈報酬の算定方法を指定する場合の記載例〉 遺言執行者に対する報酬等は、遺言執行対象財産の○パーセント相当額とする。 〈信託銀行の遺言信託の場合の記載例〉 遺言執行者に対する報酬等は、遺言者がこの遺言について○○信託銀行株式会社と別途締結した令和○○年○月○日付遺言執行引受予諾付遺言書保管契約書の定めによる。 以上	・遺言執行者の報酬は、金額または算定方法を具体的に指定しましょう。不明確の場合、相続人と遺言執行者との間で紛争になる場合があります。 ・遺言書に記載がない場合は家庭裁判所が報酬決定を行います。

巻末資料2

遺言書サンプル（包括遺贈＋付言事項）

包括遺贈とは、遺言者の財産の全てを割合的に遺贈の対象とすることをいいます。ここでは、遺言者の財産を遺言執行者に換金、清算させ、余剰がある場合の残余財産を全部民間非営利団体Ｙに包括遺贈する清算型遺言と呼ばれる公正証書遺言のサンプルの解説を行っています。このサンプルの事案では、遺言者が法定相続人である弟には財産を残さない代わりに付言事項で遺言者の想いを伝えようと試みています。弟が受遺者団体に対して悪い印象を抱かないようにとの配慮からです。なお、兄弟姉妹には遺留分がないため、弟が受遺者団体に対して遺留分減殺請求を行使することはできません。

実際に遺言書を作成される際には、事案に応じて専門家の支援を受けることをお勧めします。

登場人物・団体

遺言者Ａ
遺言者の法定相続人：弟
遺言執行者：Ｘ
受遺者：Ｙ１、Ｙ２

遺　言　公　正　証　書

平成 27 年　第○○○号

記載例	ポイント解説
【前文】※省略 第１条（包括遺贈）	 ・包括遺贈の相手が１

遺言者は、遺言者が本遺言効力発生時に有するすべての財産を、特定非営利活動法人【Ｙ】（住所：○○○○）に遺贈する。	名（1団体）の場合の記載例です。複数の場合は、財産の何分の1を誰に、というように指定します。
第2条（執行方法） 遺言執行者は、遺言者の財産を適宜換金し、同金額から遺言者の債務、本遺言の執行にかかる費用、遺言執行者の報酬その他一切の債務・諸費用を控除して、なお残余があるときは、これを前記【Ｙ】に交付する。なお、遺言者の財産のうち、遺言執行者にて換金が困難である財産については、【Ｙ】に対する名義書換の方法により承継させることを妨げない。	・清算型遺言の記載例です。万一、遺言者の全財産をもってしても債務、費用、遺言執行者の報酬を支払うに足りない場合、包括受遺者たるＹが不足額の支払義務を承継することになりますので、Ｙとしては遺贈放棄の手続きを検討する必要があります。
第3条（遺言執行者の指定）※省略	・遺言執行者については、特定遺贈サンプルのポイント解説を参照のこと。
第4条（遺言執行者の報酬）※省略 以上	・遺言執行者の報酬については、特定遺贈サンプルのポイント解説を参照のこと。

〈付言事項〉

弟の○○へ

特定非営利活動法人【Ｙ】は、アジアで人身売買や児童労働の被害を受けた子どもたちを支援する団体です。私は、生前から、同団体の会員として、アジアの恵まれない子どもたちのために、先に亡くなった夫とともに支援を続けてきました。今般、○○国で大地震があり、同団体が設立したシェルターが倒壊し、また、多くの子どもたちが犠牲になりました。私は、熟慮に熟慮を重ねた結果、同団体が困難から脱し、再び活動できるよう、すべての財産を同団体に寄付することにしました。

あなたは、両親を早くに亡くしてからともに困難を乗り越えてきたかけがえのない存在です。夫に先立たれた私を常に気遣ってもくれていますので、何も残せず心苦しく思いますが、家族や仕事に恵まれ、幸せに暮らしておられますので、私の遺志を尊重してもらえるものと信じています。

これまでどうもありがとう。どうかこれからも家族を大切に、よき人生をお送りください。

・遺言書には、遺言の効力に影響を与えない内容を付言事項として盛り込むことができます。相続人に対する感謝や想いを伝えるのに適しています。

巻末資料３

人生の集大成の社会貢献を安心してできる社会の実現を目指して

～全国での遺贈寄付普及に向けた提言～

１．はじめに

今日の日本では、年間約 50 兆円の規模で相続が発生しており、その多くは亡くなられた方から配偶者や子ども、兄弟姉妹といった親戚などに財産が継承されている。一方、遺贈寄付によって学校や橋を建築するといった公共への寄付や、「子孫に美田を残さず」の言葉に代表される価値観による財産の寄付の事例もこれまで見られており、かつ、近年、そうした遺贈寄付、資産寄付への関心が高まりつつある。この背景には、近年の相続・遺言や終活などへの関心の高まりに加えて、社会貢献意識自体も高まっており、また、相続人の不在による行き場のない財産が生まれるといったこともあると考えられる。

一方、財産所有者が遺贈寄付などの社会貢献に関心持ったとしても、使い道が明確な寄付先や信頼できる相談先がなかったり、具体的な方法がわからないために、寄付に踏み出せないという状況もある。そのため、実際に遺贈寄付に関心があったり、寄付を希望する人の多くが、その「人生の集大成のひとつとしての社会貢献」を実現しないままとなっている。また、適切なサポートがないために、せっかくの遺贈寄付がトラブルとなってしまっている事例もある。

本提言書は、遺贈寄付（本提言では、遺言による寄付、相続財産の寄付、信託による寄付を含む）が人生の集大成のひとつとしての社会貢献の重要なものであるとの認識のもと、遺贈寄付希望者にとってその最適な実現を果たすためには、どのような解決すべき課題があるのかを整理し、解決の方向性をまとめたものである。

本提言書の作成にあたっては、２段階での検討を行った。まず、2014 年８月より日本ファンドレイジング協会が事務局となり、実務家を中心として、有志の弁護士、税理士、公認会計士などの専門家や、公益法人や公益を目的とする非営利法人（以下 NPO と言う）の遺贈寄付の担当者が集まり、「遺贈寄付推進会議」を定期的に開催し、様々な技術的観点から検討を重ねてきた。その検討結果をベースとして、より課題を包括的に捉え、日本全国へ遺贈寄付を普及させるための施策を検討することを目的として、2016 年２月から８月にかけて、全国コミュニティ財団協会と日本ファンドレイジング協会が共同事務局となり、各領域をリードしている方々を委員として「全国遺贈寄付（レガシーギフト）推進検討委員会」を開催し、包括的な視座から日本に遺贈寄付が広がるための議論をおこなってきた。本提言書はその検討結果を取りまとめたものである。

提言内容は、政策、人材育成、相談・マッチング、情報提供、成年後見などの多岐にわたり、かつ、NPO、行政、専門家、金融機関などが連携することなしには実現することが困難な内容である。しかし、遺贈寄付の推進は、遺産が地域の未来資産となり、世代を超えて継承されることを通じて、社会問題が山積する日本において、共に暮らし、共に生きる共生化社会を実現するための重要な方法のひとつであり、今後、各方面の協力をえて、本提言書をひとつの指針として、着実に課題を解決していくことを強く期待する。

全国遺贈寄付（レガシーギフト）
推進検討委員会メンバー

●委員構成

堀田　力	弁護士／さわやか福祉財団会長（委員長）
小屋和歌子	弁護士／第一東京弁護士会業務改革委員会第７部会（遺言センター）部会長
高橋　正	税理士／東京地方税理士会公益活動対策部 部長
脇坂　誠也	税理士／ NPO 会計税務専門家ネットワーク代表理事
高橋　弘	司法書士／けやき野司法書士法人経営責任者／日本成年後見法学会常任理事・国際交流活動委員会委員長
太田　達男	公益法人協会理事長
早瀬　昇	日本 NPO センター代表理事
大野　修一	日本財団常務理事
深尾　昌峰	全国コミュニティ財団協会会長
鵜尾　雅隆	日本ファンドレイジング協会代表理事

●共同事務局

特定非営利活動法人日本ファンドレイジング協会／一般社団法人全国コミュニティ財団協会

●作業部会メンバー
江波　千佳（江波千佳税理士事務所 税理士）
鴨崎　貴泰（NPO 法人日本ファンドレイジング協会 事務局長）
岸本　幸子（公益財団法人パブリックリソース財団 専務理事・事務局長／ NPO 法人日本フアンドレイジング協会 理事）
木村　真樹（公益財団法人あいちコミュニティ財団代表理事／コミュニティ・ユース・バンク momo 代表理事 1NPO 法人日本ファンドレイジング協会 理事）
齋藤　弘道（野村信託銀行株式会社 受託業務企画部）
芝池　俊輝（弁護士法人東京パブリック法律事務所三田支所代表）
関口　宏聡（NPO 法人シーズ・市民活動を支える制度をつくる会 代表理事）
樽本　　哲（赤坂シティ法律事務所弁護士、NPO のための弁護士ネットワーク 代表）
徳永　洋子（NPO 法人日本ファンドレイジング協会 理事）
本郷　順子（本郷順子税理士事務所 税理士）
山北　洋二（NPO 法人日本ファンドレイジング協会 理事／あしなが育英会 元常勤監事）
吉川　　明（公益財団法人日本盲導犬協会 常勤理事）

●委員会開催日程
第一回：2016 年 2 月 8 日（月）
第二回：2016 年 4 月 13 日（水）
第三回：2016 年 6 月 20 日（月）
第四回：2016 年 8 月 22 日（月）

●提言項目
2．遺贈寄付推進を取り巻く現状
3．課題の整理
4．課題解決策の基本的な考え方
5．解決の方向性
6．日本の未来に向けて

提言内容の項目は上記の通りですが、全文掲載は省略させて頂きます。全文は下記でご覧頂けます。

http://bit.ly/teigensyo

巻末資料４

遺贈寄付の倫理に関するガイドライン（第１版）

2021 年 9 月 13 日　制定

序　章

１．ガイドライン策定の背景

近年、幅広い世代における社会貢献意識の高まりとともに、人生の集大成における社会貢献としての遺贈寄付に社会の関心が集まっています。英国では非営利団体に対する遺言による寄付が国全体の年間寄付額の 16%にも達するなど、遺贈寄付が人生における選択肢のひとつとして広く認知されており、非営利団体の重要な活動資金にもなっています。

わが国でもこのような遺贈寄付の可能性に着目し、多くの非営利団体が遺贈寄付の受け入れに取り組むようになった一方で、高齢者向けのサービスを提供する非営利団体が利用者との間で締結した死因贈与契約が公序良俗に反するものとして裁判で無効とされるなど、受遺団体の順法意識や倫理感が問われる事態も生じています。

寄付者が安心してその財産を非営利団体に託せるようにするために、遺贈寄付に携わる者すべてが遺贈寄付の倫理について真剣に議論し、行動するべき局面がまさに到来したと言えるでしょう。

私たち一般社団法人全国レガシーギフト協会（以下「当協会」という。）は、より健全な形で遺贈寄付の普及が進むことを願って、遺贈寄付に関わる者が遵守するべき遺贈寄付の倫理に関する基本的な考え方を提示するべく、今般、役職員、会員団体、賛同団体及び登録専門家などの多くの関係者から意見を聞いたうえで、このガイドラインをとりまとめました。

このガイドラインが、遺贈寄付によって、寄付者や遺族、そして遺贈寄付の受け手である非営利団体の権利や尊厳が侵害される事態の発生を防止し、誰もが安心して遺贈寄付に取り組むことのできる社会の実現に貢献することを願っています。

私たちについて

当協会は、一般財団法人全国コミュニティ財団協会と特定非営利活動法人日本ファドレイジング協会が共同事務局を務める全国遺贈寄付推進検討委員会が 2016 年８月に発表した「人生の集大成の社会貢献を安心してできる社会の実現を目指して～全国での遺贈寄付普及に向けた提言」（添付資料１）を受けて、全国の非営利団体の関係者や士業等の専門家など合計 363 名（2017 年２月１日集計時点）の賛同を得て、同年 11 月に全国的な遺贈寄付の推進を目的として設立された非営利団体です。

当協会に関する情報は、当協会の運営する「いぞう寄付の窓口」のウェブサイト（下記）をご参照ください。

URL：https://izoukifu.jp/

２．ガイドラインの目的、内容等

（１）目的

遺贈寄付（後に定義します）は、人の死を契機に寄付がなされる点で生前の寄付とは異なる側面があり、健全な形で実施されなければ、かえって社会の発展を阻害し、さまざまなトラブルの温床となることがあり得ます。このガイドラインは、遺贈寄付に関わるすべての関係者が遵守するべき遺贈寄付の最低限の具体的な基準を示し、健全な遺贈寄付の普及に向けた環境づくりに寄与することを目的とします。

（２）ガイドライン検討委員（五十音順、敬称略）

久津摩 和弘（日本ファンドレイジング協会 理事、一般社団法人日本地域福祉ファンドレイジングネットワーク COMMNET 理事長）

齋藤 弘道（当協会 理事、遺贈寄附推進機構株式会社 代表取締役）

高橋 弘（当協会 理事、日本成年後見法学会常任理事 / 司法書士）

樽本 哲（当協会 共同代表、NPO のための弁護士ネットワーク創設者・理事 / 弁護士）

三浦 美樹（当協会 理事、司法書士法人東京さくら代表 / 司法書士）
山北 洋二（当協会 共同代表、あしなが育英会前常勤監事）
脇坂 誠也（当協会 理事、認定 NPO 法人 NPO 会計税務専門家ネットワーク代表 / 税理士）

（3）用語の定義

このガイドラインにおける用語の定義については、以下のとおりとします。

「非営利団体」とは、公益法人、特定非営利活動法人、学校法人、医療法人、社会福祉法人、更生保護法人などの非営利法人のほか、非営利事業を主たる目的とする法人格を有しない非営利組織（Non Profit Organizations）のことをいいます。

「遺贈寄付」は、死後に遺す、又は死後に遺された財産を、公益や非営利の活動のために広く活用することを目的とする寄付を含む広義の概念です。このガイドラインにおいては、自然人の死を契機に行われる非営利団体への寄付のうち、遺言による遺産の寄付（遺贈）、死因贈与、信託および生命保険といった契約に基づいて行われる寄付、並びに相続人による相続財産の寄付を、「遺贈寄付」と総称します。

「受遺団体」とは、遺贈寄付を受ける非営利団体をいいます。

「遺贈寄付者」とは、遺贈寄付を行うための遺言書の作成または契約の締結等を完了した者のうち、生存中の者をいいます。なお、以下においては、遺贈寄付者やその候補者のことを「本人」という場合があります。

「勧誘」とは、他人に対して遺贈寄付の意思決定に直接影響を与え得る働きかけをすることをいい、非営利団体が自ら行う場合に限られないものとします。

「情報提供」とは、遺贈寄付に関する一般的な情報の伝達をいいます。

「不当威圧」（Undue Influence）とは、相手方に対する影響力を不当に行使することで、相手方の意思決定を意図した方向に誘引し、または強要することをいいます。

（4）対象

このガイドラインは、受遺団体および遺贈寄付の受け入れを希望する非営利団体のほか、遺贈寄付のための仲介や助言その他の支援を行う個人や法人を広くその対象として想定しています。

（5）内容

このガイドラインは、対象者が遵守するべき行動原則と行動規範によって構成されます。

（6）ガイドラインの利用

遺贈寄付に取り組む非営利団体は、当協会に届け出ることによって、このガイドラインを自団体における遺贈寄付の倫理に関する内部規定として活用することができます。詳細は下記問い合わせ先までご連絡ください。

（7）問い合わせ先

一般社団法人全国レガシーギフト協会　東京事務所
〒 105-0004　東京都港区新橋 5-7-12　ひのき屋ビル 7 階
特定非営利活動法人日本ファンドレイジング協会内
メールアドレス：a.ogawa@jfra.jp (ガイドライン事務局担当：小川愛)
電話番号：03-6402-5610（日本ファンドレイジング協会内）

第１章　行動原則

遺贈寄付に関わる者は、次の行動原則を遵守します。

Ⅰ　信義に従い誠実に行動する。
Ⅱ　法令を遵守する。
Ⅲ　遺贈寄付者およびその候補者の自由意思を尊重する。
Ⅳ　遺贈寄付者およびその候補者またはその関係者の秘密を守る。
Ⅴ　遺贈寄付に関する知識と技能の習得に努める。
Ⅵ　透明性の確保と適時適切な情報開示に努める。

第２章　行動規範

遺贈寄付に関わる者は、次の行動規範に沿って、遺贈寄付に取り組むものとします。

1．すべての遺贈寄付の関係者は、遺贈寄付の情報提供または勧誘を行う際には、次の規範に沿って行動します。

1-1　遺贈寄付の情報提供または勧誘を行う際には、法令・通達等を守ることに加え、遺贈寄付者の利益を害することがないよう、倫理的な行動を心掛ける。

＜問題になり得る行為＞
・虚偽の説明や誇張した説明により、団体の実績や活動内容、寄付金の使途、活動実績、遺贈寄付に対する返礼などについて、相手を誤信させること
・自団体についての不都合な事実を隠匿することにより、遺贈寄付の意思決定に不当な影響を与えること
・法律や税務の専門家でない非営利団体の役職員や業務の受託者が、遺贈寄付者やその候補者に対して、遺贈寄付の制度や手続、これらに関連する法律や税務に関する一般的な情報提供を超える助言または便益の提供を行うこと
・遺贈寄付の情報適用または勧誘のための資料に、本人または相続人代表者の許可なく遺贈寄付者の事例を掲載すること
・遺贈寄付を獲得するために受益者の尊厳や他の非営利団体の信用を貶めるような広報活動を行うこと
・遺贈寄付の情報提供や勧誘に従事する役職員ならびに業務委託先など外部の協力者に対する指導や監督を怠ること

1-2　遺贈寄付者またはその候補者の自己決定権を尊重し、遺贈寄付のための意思決定や方法選択、寄付先選択の各過程において、不当威圧その他不適切な働きかけを行わない。

＜問題になり得る行為＞
・遺贈寄付の意思決定を行う能力のない相手（15 歳未満の未成年者、または精神上の障害により物事を判断する能力が著しく低下し、またはその能力を欠く状況にある者をいう）に対して遺贈寄付の勧誘を行うこと
・加齢や精神上の障害等による判断能力の低下その他相手の脆弱な状況に乗じて遺贈寄付の意思決定をさせること
・遺贈寄付の勧誘が主要な目的であることを秘匿してイベントに招待し、または面談を求めること
・遺贈寄付の勧誘において、本人が他の人を同席させるのを拒絶すること
・遺贈寄付の勧誘を望まない意思を表明した相手に遺贈寄付の勧誘を続けること

＜勧誘相手やその家族にサービスを提供する非営利団体が特に留意するべき事項＞
・サービスを提供する相手やその家族等に対して、サービス利用の正当な対価として、または対価とは別に、遺贈寄付（遺贈寄付の意向表明を含む）が必要であると誤信させること
・自己の将来や生活に不安を抱える者に対して、遺贈寄付を行うことでその不安を取り除くことができるかのように装って、遺贈寄付を勧誘すること

1-3　遺贈寄付者の意思決定に本人以外の者が影響を及ぼしている懸念がある場合は、必要に応じて寄付者単独で面談する等の方法により、寄付者の真意を確認するよう努力する。

＜問題になり得る行為＞

・遺贈寄付者またはその候補者の推定相続人、身辺の世話をする者、サービス提供を行う事業者その他本人の利益を代表する者でない第三者が、本人の遺贈寄付の意思決定に影響を及ぼしていることがうかがわれる場合に、本人から遺贈寄付についての真意の確認を怠ること（ただし、本人が希望しない場合を除く）

1-4　遺贈寄付が何らかの理由で遺贈寄付者またはその候補者の意向どおりに実現しない可能性がある場合には、その可能性や理由を十分に説明する。

＜問題になり得る行為＞

・遺贈寄付者またはその候補者が寄付の目的や寄付金の使途について明確な意向を有している場合に、受遺団体がその意向に沿った事業の実現や継続が困難となるおそれがあることを認識しているにもかかわらず、その可能性や理由を伝えないこと
・遺贈寄付として受け入れる財産の使途を合理的な理由なく変更し、本人や遺族に対して何の説明責任も果たさないこと

2．すべての遺贈寄付の関係者、とりわけ遺贈寄付の助言等を行う専門家や仲介者は、遺贈寄付の相談・助言・仲介・遺言書や契約書の作成その他の支援を行う際には、次の規範に沿って行動します。

2-1　専ら自己または第三者の利益を図る目的で、遺贈寄付者やその候補者または受遺団体に不利益となる行為をしてはならない。

＜問題になり得る行為＞

・非営利団体が遺贈寄付を含む遺言書の作成費用や専門家の報酬を負担することの条件として、遺贈寄付者またはその候補者に対して、自団体への寄付（遺贈寄付に限らない）や自団体を遺言執行者に指定することを要求すること
・非営利団体が勧誘相手に遺言書作成等の専門家を紹介する場合に、当該専門家に対して自団体への遺贈寄付の勧誘を依頼すること
・遺贈寄付の専門家や仲介者が、受遺団体となるべき非営利団体からの委託に基づき、遺贈寄付の候補者を支援する場合に、本人の利益よりも当該非営利団体の利益を優先すること
・遺贈寄付の専門家や仲介者が、遺贈寄付者またはその候補者に対して、自己と取引のある非営利団体のみを遺贈寄付先として紹介または推薦する場合に、当該取引の存在について説明を怠ること
・遺贈寄付の専門家や仲介者が、遺贈寄付者またはその候補者に対して、正当な業務の対価とは別に、個人的な見返りを要求すること

2-2　遺贈寄付のための遺言書の作成もしくは死因贈与契約または信託の設定に関与する場合は、本人の判断能力（事理弁識能力）の程度及び意思能力（遺言能力、契約締結能力）の有無に配慮するとともに、寄付者の様子や意思決定の経緯を可能な限り記録を残すよう務める。

＜問題になり得る行為＞

・遺贈寄付をしようとする者の遺言能力（遺言書を作成する法的な能力をいう。重篤な精神障害などがない１５歳以上の人には備わっているとされる。）または契約締結能力の有無が本人の言動などから疑わしい場合に、医師や公証人、弁護士、司法書士その他の専門家による支援の必要性について説明しないこと
・上記の疑いがある場合において、遺贈寄付のための遺言書作成や契約締結等の支援をしたにも関わらず、本人の様子や発言等について記録を作成・保存しないこと

2-3　遺贈寄付のための遺言書の作成もしくは死因贈与契約または信託の設定に関与する場合は、受遺団体の遺贈寄付の受入方針を可能な限り事前に確認し、遺贈寄付が寄付者の意思に沿って実現できるように努める。

<問題になり得る行為>
- 遺贈寄付のための遺言書や契約書の作成に関与するにもかかわらず、事前に受遺団体の遺贈寄付の受け入れの可否や方針について確認をしないこと

3．受遺団体は、遺贈寄付の受け入れ後は、次の規範に沿って行動します。

3-1　遺贈寄付を受けた財産はできる限り遺贈寄付者の希望する使途に使用するよう努める。

<問題になり得る行為>
- 遺贈寄付者が寄付金その他の遺贈寄付の対象とする財産（以下、「寄付金」という。）の使途を限定する意思を受遺団体に対して表明している（遺言の付言事項による場合を含む）にも関わらず、その意思に反して寄付金を使用すること
- 遺贈寄付者が指定した使途に寄付金を使用できないことが判明した場合（事業を廃止した場合、あるいはもともと取り組んでいない事業が指定されていた場合など）に、適切に対処しないこと

※この場合における適切な対処としては、遺贈寄付を受け入れた上で自ら当該事業もしくは受益者を同じくする類似の事業を行い、または当該事業を行っている非営利団体に寄付もしくは助成するなど、遺贈寄付者の意思の実現に最大限努力しつつ，それすらかなわない場合には遺贈寄付の全部または一部の受け入れを辞退（放棄）することなどが考えられる。ただし、事案に応じた他の合理的な対処を否定するものではない。

- 受遺団体が遺贈寄付の受け入れ方針を定め、そのなかで遺贈寄付の使途を自ら定めているにもかかわらず、寄付金を他の目的に用いること（遺贈寄付者がその目的に使用することを希望している場合を除く）
- 受遺団体が解散する場合において、特定の遺贈寄付者からの寄付金が残余財産の大部分を占めているとの特別の事情があるにもかかわらず、遺贈寄付者の意思を一切顧みることなく残余財産の帰属先を決定すること

3-2　負担付きの遺贈寄付を受け入れたときは、受け入れた財産の範囲で負担した義務を誠実に履行する。

<問題になり得る行為>
- 負担付遺贈または負担付死因贈与を受け入れたにもかかわらず、正当な理由なく負担した義務を履行しないこと
- 上記の負担とは別に、受遺団体が遺贈寄付者に対して返礼を約束したにもかかわらず、その約束を違えること

3-3　遺贈寄付者の意思を尊重しかつ受遺団体としての正当な権利を守るために、遺贈寄付の放棄や返金などの要求に対しては、応ずるべき義務があるかどうかを誠実に検討し、適切に対応する。

<問題になり得る行為>
- 本人または本人以外の者から遺贈寄付の放棄や返金を求められた場合に、その要求の正当性を吟味することなく、安易に要求に応じ、または拒絶すること
- 遺贈寄付の対象財産について権利を主張する者（本人や相続人に限らない）から、正当な理由に基づく遺留分侵害額請求、債務の履行または損害賠償等の請求がなされた場合に、それに対応しないこと

4．すべての遺贈寄付の関係者は、遺贈寄付のあらゆる場面において、次の規範を遵守します。

4-1　遺贈寄付の各過程で知り得た個人情報および守秘義務のある情報を、正当な理由がない限り、第三者に開示、漏洩しない。

＜問題になり得る行為＞

・遺贈寄付者本人に無断で、第三者に遺贈寄付の意向や遺言の内容などを開示すること
・遺贈寄付者やその相続人代表者が同意しないにも関わらず、個人特定が可能な態様で、遺贈寄付者の情報を受遺団体の広報物等に掲載すること

4-2　特定の遺贈寄付者やその遺族について不平等な取り扱いをしない。

＜問題になり得る行為＞

・一部の遺贈寄付者やその遺族に対してのみ、合理的な理由なく、社会的に不相当な便益を提供すること
・合理的な理由なく、一部の遺贈寄付者やその遺族のみを差別的に扱うこと（同時期に同程度の遺贈寄付がなされたにもかかわらず、一方にのみ感謝状や返礼品を贈ることなどが想定されるが、それらに限られない）
・遺贈寄付の勧誘を行った相手のうち、遺贈寄付をしなかった者と遺贈寄付をした者とで、差別的な取扱いをすること

以上

参　考　資　料

（参考１）人生の集大成の社会貢献を安心してできる社会の実現を目指して～全国での遺贈寄付普及に向けた提言（全国遺贈寄付推進検討委員会）

（参考２）寄付者の権利宣言（特定非営利活動法人ファインドレイジング協会）

（参考３）ファンドレイジング行動基準（同協会）

（参考４）福祉サービス提供組織における寄附に関する倫理規程モデル（同　作成委員会

全国レガシーギフト協会のホームページでもご覧頂けます。

執筆者 （50 音順）

・鵜尾雅隆　　認定 NPO 法人日本ファンドレイジング協会　代表理事

執筆担当：P10-13、P22-25、P46、P70、P72-83

JICA、外務省、米国 NPO を経て、ファンドレイジング戦略コンサルティング会社（株）ファンドレックス創業。日本ファンドレイジング協会の創設に携わる。米国ケースウエスタンリザーブ大学非営利組織経営管理学修士、インディアナ大学 The Fundraising School 修了。寄付、社会的投資が進む社会を実現するために、寄付教育、ファンドレイザー育成などに取り組む。寄付月間推進委員会事務局長も務める。著書に「ファンドレイジングが社会を変える」「社会的インパクトとは何か」（監訳）など。

・齋藤弘道　　全国レガシーギフト協会　理事
（遺贈寄附推進機構株式会社代表取締役）

執筆担当：P16、P20-21、P42-45、P70、P72-83

1988 年富士銀行（当時）入行。2004 年みずほ信託銀行へ転籍、遺言信託業務の顧客担当・管理を経て、本部にて企画・営業推進・受託審査に携わる。遺贈寄付を希望する遺言者の意思が実現されていない現実を知り、この状況を打破する手段を模索し始めた時に日本ファンドレイジング協会代表理事の鵜尾と出逢う。2014 年野村信託銀行株式会社へ転職、2018 年に遺贈寄付のさらなる普及を目指して起業。

・芝池俊輝　　全国レガシーギフト協会　理事、弁護士
（ことのは総合法律事務所　代表
NPO のための弁護士ネットワーク　理事）

執筆担当：P28、P71

東京大学法学部卒業、英国エセックス大学大学院修士課程（LLM）修了。2002 年弁護士登録（東京弁護士会所属）。准認定ファンドレイザー。国際家族法の分野を重点的に取り扱うほか、社会課題の解決に取り組むソーシャルセクターの方々に対して、法的アドバイス・コンサルティング・コーチング・研修等の総合的なサービスを提供している。

・樽本哲　　全国レガシーギフト協会　共同代表
樽本法律事務所
NPO のための弁護士ネットワーク創設者、理事

執筆担当：P8-9、P26-27、P30-39、P48-53、P85-93

樽本法律事務所弁護士。1999 年早稲田大学法学部卒、2003 年弁護士登録（第一東京弁護士会所属）。准認定ファンドレイザー。NPO の法的課題を NPO 関係者とともに研究する「NPO のための志的勉強会」を主催。営利非営利の垣根を越えて様々な組織の法的課題の発見、解決に、外部役員、法律顧問として尽力する。日本ファンドレイジング協会監事。

・山北洋二　全国レガシーギフト協会　共同代表

執筆担当：P14-15、P17-19、P54-57

高校・大学時代に、視力障害の学生への朗読サービス、献血推進のボランティア活動に参加。1971 年（大学 3 年生）に交通遺児育英の街頭募金に初めて参加したのきっかけで、1972 年に設立 3 年目の財団法人交通遺児育英会に就職。当時は NPO なんて言葉が無い時代で、周囲からは“まともな就職先”とは見られなかった。19 年後の 1991 年 10 月に交通遺児の恩返し運動で始まった「あしなが育英会」発足時の事務局長に就任。1995 年に理事、2006 年に常勤監事、2016 年に顧問に就任。

・脇坂誠也　全国レガシーギフト協会　理事、税理士
脇坂税務会計事務所
認定 NPO 法人 NPO 会計税務専門家ネットワーク　理事長

執筆担当：P40-41、P48-49、P58-67

国際協力事業団青年海外協力隊コートジボワールに派遣。1999 年に脇坂税務会計事務所開設。「透明性の高い会計業務が出来てこそ、NPO の信頼性が向上し、活動を拡大することができる」として、NPO の会計・税務の支援、サポートに活躍中。認定 NPO 法人 NPO 会計税務専門家ネットワーク理事長、公益財団法人さわやか福祉財団、東日本大震災支援全国ネットワーク 他 監事。

編集協力者（50 音順）

・今給黎辰郎　認定NPO法人日本ファンドレイジング協会（執筆当時）
・大 澤 香 織　認定NPO法人日本ファンドレイジング協会（執筆当時）
・小 川　 愛　全国レガシーギフト協会事務局長
・渋 谷 雅 人　全国レガシーギフト協会事務局次長
・清 水 潤 子　認定NPO法人日本ファンドレイジング協会（執筆当時）
・吉 川　 明　公益財団法人日本盲導犬協会　専務理事（執筆当時）

遺贈寄付ハンドブック（改訂第２版）

～遺贈寄付を受ける団体や相談を受ける人が知っておきたい大事なこと～

〈編集〉

全国レガシーギフト協会

ウェブサイト: https://izoukifu.jp

〈発行〉

日本ファンドレイジング協会

〒 105-0004 東京都港区新橋 5-7-12 ひのき屋ビル 7F

Tel:03-6809-2590

〈デザイン・印刷〉

藤原印刷株式会社

〈発行日〉

2016 年 3 月 12 日（初版第 1 刷）
2016 年 4 月 21 日（初版第 2 刷）
2018 年 8 月 31 日（改訂版第 1 刷）
2022 年 3 月 1 日（改訂版第 2 刷）

ISBN978-4-907431-12-9 C0034 Printed in Japan

受遺団体向けオンライン研修のご案内

5つのコースが受講可能です。

どこからでもいつでも学んでいただけるオンライン研修、ぜひご活用ください。

遺贈寄付の基礎知識を得る

遺贈寄付の現状と受入準備（講師：山北洋二）
遺贈寄付の法務（講師：樽本 哲）
遺贈寄付の税務と会計（講師：脇坂誠也）

遺贈寄付のさらなる知識を得る

不動産遺贈と包括遺贈（講師：齋藤弘道）
受遺団体としての広報戦略（講師：齋藤弘道）

全5コース、各2,000円（税別）

こちらから

https://izoukifu.jp/online/

『遺贈寄付－最期のお金の活かし方－』

■著者：星野哲

■定価　1100円+税

■幻冬舎

第1章 6つの事例でみる遺贈寄付の形
第2章 ストーリーでみる 遺贈寄付を決めるまで
第3章 遺贈寄付をするための、相続&遺言の基本
第4章 相続税の控除&信託で、遺贈寄付をもっと活用する

『人生を輝かせるお金の使い方　遺贈寄付という選択』
■著者：星野哲
■定価　1500円+税
■日本法令
第**1**章 遺 贈
第**2**章 相続財産からの寄付と信託
第**3**章 税と不動産
第**4**章 遺贈寄付するということ
第**5**章 寄付先を選ぶ
第**6**章 財団・基金をつくる

2

MEMO

MEMO